U0836837

“十四五”职业教育国家规划教材配套用书

财务会计基础实训与练习

（第二版）

高丽萍　吴丽娟　主　编
刘　辉　杨　萍　副主编

中国财经出版传媒集团
中国财政经济出版社

图书在版编目（CIP）数据

财务会计基础实训与练习／高丽萍，吴丽娟主编
．--2版．--北京：中国财政经济出版社，2023.8
“十四五”职业教育国家规划教材配套用书
ISBN 978-7-5223-2367-1

Ⅰ.①财… Ⅱ.①高… ②吴… Ⅲ.①财务会计－高等职业教育－教学参考资料 Ⅳ.①F234.4

中国国家版本馆CIP数据核字（2023）第136718号

责任编辑：王佳欣　　　　责任校对：徐艳丽
封面设计：卜建辰　　　　通　　读：卓文娟

财务会计基础实训与练习（第二版）
CAIWU KUAIJI JICHU SHIXUN YU LIANXI（DIERBAN）

URL：http：//www.cfeph.cn
E-mail：cfeph@cfemg.cn
（版权所有　翻印必究）
社址：北京市海淀区阜成路甲28号　邮政编码：100142
营销中心电话：010-88191537
三河市宏图印务有限公司印刷　各地新华书店经销
成品尺寸：185mm×260mm　16开　9印张　192 000字
2023年8月第2版　2023年8月河北第1次印刷
定价：25.00元
ISBN 978-7-5223-2367-1
（图书出现印装问题，本社负责调换）
本社质量投诉电话：010-88190744
打击盗版举报热线：010-88191661　QQ：2242791300

编写说明

本书是“十四五”职业教育国家规划教材《财务会计基础》（第二版）的配套实训与练习，本书既可作为高等职业院校会计专业和其他财经类专业的教材，也可作为参加全国会计专业技术资格考试（初级）的应试者及在职人员业务学习、岗位培训的参考用书。

本书将知识、操作、考证、会计技能大赛等知识和技能有机融为一体，按《财务会计基础》的10大项目，分模块设置实训与练习的内容，涵盖了“财务会计基础”课程所有的知识点和技能点，题型包括单项选择题、多项选择题、判断题、讨论题、业务实训题，具有题型多样，选题典型、题量及难度适中，给教学和学生学习留有选择余地等特点，同时将全国会计专业技术资格考试（初级）中“初级会计实务”的部分内容融入其中，使学生在学习“财务会计基础”课程基本知识点和技能点的基础上，通过实训与练习，达到举一反三，温故知新的效果，更好地掌握财务会计基础的基本理论和基本知识，提高财务会计基础的实务操作技能。

本书由高丽萍、吴丽娟担任主编，刘辉、杨萍担任副主编，参与本书编写的有淄博职业学院高丽萍、吴丽娟、张桂春、刘辉、曹志华、刘云婕，咸宁职业技术学院杨萍，新道科技股份有限公司张昭君，淄博祥顺财税俱乐部王敬春，高丽萍教授、张桂春教授对全书进行了审定。

限于编者水平，加之时间仓促，书中不足之处在所难免，恳请广大读者批评指正。

本书为用书学校任课老师提供了实训与练习的习题答案，如有需要，请以电子邮件形式向中国财政经济出版社索取（请注明：学校、全书名、版次），Email：caijingjiaocai@ 163. com，亦可登录如下网址下载：http：//jiaocai. cfeph. cn。

编　者

2023 年 8 月

目录

项目一 Project 1

初识会计职业

模块一　了解会计职业

一、单项选择题

1. 会计是以货币为主要计量单位，采用专门方法，核算和监督一个单位的经济活动的一种（　　）。

A. 经济管理工作　　B. 监督行为

C. 核算行为　　D. 经济监督活动

2. 下列关于会计的产生，正确的表述是（　　）。

A. 会计最早可以追溯到奴隶社会

B. 在原始社会就有了独立的会计

C. 会计是随着社会生产力的不断发展逐渐从生产职能中分离出来的

D. 在原始社会有专门从事会计工作的人员

3. 会计的主要计量单位是（　　）。

A. 实物计量　　B. 外币计量

C. 劳动计量　　D. 货币计量

4. 会计的基本职能是（　　）。

A. 核算和监督　　B. 预测和核算

C. 监督和决策　　D. 预测和决策

5. 下列各项中，属于初级会计专业职务的是（　　）。

A. 助理会计师　　B. 会计师

C. 注册会计师　　D. 会计专业本科学历

6. 根据《会计法》的规定，下列企业中必须设置总会计师单位的是（　　）。

A. 国有大、中型企业

B. 国有资产占控股地位的大、中型企业

C. 国有资产占主导地位的大、中型企业

D. 国有的和国有资产占控股地位或者主导地位的大、中型企业

7. 财务会计又被称为（　　）。

A. 对内报告会计　　B. 对外报告会计
C. 管理会计　　D. 经营性会计

二、多项选择题

1. 下列关于会计的特征的表述中，正确的有（　　）。
A. 会计是一种经济管理活动　　B. 会计是一个信息系统
C. 会计采用一系列专门方法　　D. 会计以货币为主要计量单位
2. 下列各项中，属于会计基本职能的有（　　）。
A. 会计核算　　B. 会计监督
C. 会计分析　　D. 会计决策
3. 下列关于会计工作岗位设置的表述中，正确的有（　　）。
A. 各单位应当根据会计业务需要设置会计工作岗位
B. 会计人员的工作岗位应当有计划地进行轮换
C. 会计工作岗位，可以一人一岗、一人多岗或者一岗多人
D. 出纳不属于会计工作岗位
4. 会计人员专业技术职务分为（　　）。
A. 初级　　B. 中级
C. 副高级　　D. 正高级
5. 下列各项中，属于会计专业职务的有（　　）。
A. 总会计师　　B. 高级会计师
C. 注册会计师　　D. 助理会计师和会计员
6. 下列各项中，属于会计职业道德规范的有（　　）。
A. 坚持准则，守责敬业　　B. 坚持诚信，守法奉公
C. 提高质量，保证及时　　D. 传递信息，客观公正
7. 担任单位会计机构负责人（会计主管人员的），应当具备的条件有（　　）。
A. 会计专业知识　　B. 会计专业技能
C. 会计师以上专业技术职务　　D. 有从事会计工作三年以上的工作经历
8. 现代会计的两大分支是（　　）。
A. 财务会计　　B. 管理会计
C. 成本会计　　D. 智能会计
9. 会计准则体系有（　　）。
A. 基本准则　　B. 具体准则
C. 准则指南　　D. 准则解释
10. 以下属于“坚持准则，守责敬业”会计职业道德规范的有（　　）。
A. 保证会计信息真实完整　　B. 忠于职守、敢于斗争
C. 与时俱进、开拓创新　　D. 严于律己、心存敬畏

三、判断题

1. 出纳人员不得兼任稽核、会计档案保管和收入、支出、费用账户的登记工作，但可以兼任债权债务账户的登记工作。 （ ）

2. 《会计法》规定，国有的和国有资产占控股地位或者主导地位的大、中型企业可以设置总会计师。 （ ）

3. 会计职业道德是指在会计职业活动中应遵循的，体现会计职业特征的，调整会计职业关系的职业行为准则和规范。 （ ）

4. 企业是实行自主经营、独立核算、依法设立的一种营利性的经济组织。 （ ）

5. 总会计师是企业会计人员专业技术职务的最高级别。 （ ）

6. 不具备设置会计机构的单位，应当委托经批准设立的从事会计代理记账业务的中介机构代理记账。 （ ）

7. 中国古代会计文化是中华优秀传统文化的组成部分。 （ ）

四、讨论题

1. 从会计产生与发展的历程谈谈我国古代独特的会计文化。
2. 简述数字经济背景下会计未来的发展方向。
3. 根据会计人员职业道德规范，说一说如何做一名合格的会计人员。
4. 作为一名新时代的会计人员，如何做到“坚持学习，守正创新”？

模块二　明确会计职能与目标

一、单项选择题

1. 确定会计确认、计量和报告的空间范围，确定会计核算和监督的特定单位的会计基本假设是（　　）。

A. 会计主体假设　　B. 持续经营假设
C. 会计分期假设　　D. 货币计量假设

2. 下列关于会计主体的概念的表述中，不正确的是（　　）。

A. 会计主体是企业会计确认、计量和报告的空间范围
B. 会计主体可以是一个企业，也可以是企业内部的某一个部门
C. 会计主体可以是一个单一的企业，也可以是由几个企业组成的企业集团
D. 会计主体所核算的生产经营活动也包括其他企业或投资者个人的其他生产经营活动

3. 引申出会计分期基本假设的是（　　）。

A. 货币计量假设　　B. 会计目标
C. 持续经营假设　　D. 会计主体假设

4. 会计主体在会计确认、计量和报告时以货币作为计量尺度，反映会计主体的经济活动指的会计基本假设是（　　）。

A. 持续经营　　B. 货币计量
C. 实物计量　　D. 劳动计量

5. 在可预见的未来，会计主体不会破产清算，所持有的资产将正常运营，所负有的债务将正常偿还，这属于（　　）。

A. 会计主体假设　　B. 持续经营假设
C. 会计分期假设　　D. 货币计量假设

6. 以货币为主要计量单位，通过确认、计量、报告等环节，对会计主体的经济活动进行确认、计量和报告，为各有关方面提供会计信息的功能是（　　）。

A. 会计核算职能　　B. 会计监督职能
C. 会计计划职能　　D. 会计预测职能

7. 会计人员在进行会计核算的同时，对特定主体经济活动和相关会计核算的真实性、合法性、合理性进行审查称为（　　）。

A. 会计反映职能　　B. 会计核算职能
C. 会计监督职能　　D. 会计分析职能

8. 如果财务会计报告能够满足（　　）的会计信息需求，通常情况下也可以满足其他使用者的大部分信息需求。

A. 投资者　　B. 债权人

C. 政府及其有关部门　　D. 社会公众

9. 会计目标要求会计信息应能充分反映（　　）受托责任的履行情况，帮助财务报告使用者作出经济决策。

A. 上级部门　　B. 企业管理层

C. 企业财务人员　　D. 企业各部门

10. 下列关于会计核算与会计监督职能关系的表述中，不正确的是（　　）。

A. 会计核算和会计监督是相辅相成、辩证统一的关系

B. 会计核算是会计监督的基础

C. 会计监督是会计核算的质量保障

D. 只有核算，没有监督，也可以保证核算所提供信息的质量

二、多项选择题

1. 下列选项中，可以作为一个会计主体单独进行核算的有（　　）。

A. 分公司　　B. 营业部

C. 生产车间　　D. 子公司

2. 下列有关会计主体，表述正确的有（　　）。

A. 会计主体是会计核算和监督的特定单位和组织

B. 会计主体就是法律主体

C. 由若干具有法人资格的企业组成的企业集团也是会计主体

D. 会计主体界定了会计工作和会计信息的空间范围

3. 按照我国《企业会计准则——基本准则》规定，下列各项中，属于会计中期的有（　　）。

A. 月度　　B. 半月

C. 季度　　D. 半年度

4. 下列各项中，属于会计基本职能的有（　　）。

A. 会计核算　　B. 会计监督

C. 会计分析　　D. 会计决策

5. 下列各项中，属于会计信息使用者的有（　　）。

A. 投资者　　B. 债权人

C. 社会公众　　D. 企业管理者

6. 下列各项中，属于企业会计目标的有（　　）。

A. 进行会计核算，实施会计监督

B. 进行财产物资的收发、增减和使用

C. 反映企业管理层受托责任的履行情况

D. 向财务报告使用者提供有用的会计信息

7. 会计监督是对企业经济活动的（　　）所进行的监督，与会计核算职能相辅相成、密不可分。

A. 真实性　　B. 合法性

C. 合理性　　D. 全面性

8. 会计核算的内容主要包括（　　）。

A. 有价证券的收付　　B. 成本的计算

C. 债权、债务的结算　　D. 基金的增减

9. 下列关于会计核算和监督职能，表述正确的有（　　）。

A. 会计核算与会计监督没有什么必然的关系

B. 两者之间密切相关、相辅相成、辩证统一

C. 会计监督是会计核算的保障

D. 会计核算是会计监督的前提

10. 会计基本假设，又称为会计核算的基本前提，包括（　　）。

A. 会计主体假设　　B. 持续经营假设

C. 会计分期假设　　D. 货币计量假设

三、判断题

1. 会计职能是指会计在经济管理过程中所具有的功能。（　　）

2. 会计主体一定是法律主体，法律主体不一定是会计主体。（　　）

3. 会计是以货币为主要计量单位，运用专门方法，核算和监督一个单位经济活动的一种经济管理工作。（　　）

4. 会计的监督职能是会计人员在进行会计核算的同时，对特定主体经济活动的真实性、合法性、合理性进行审查。（　　）

5. 会计监督的合法性审查主要是检查各项财务收支是否符合特定对象的财务收支计划，是否有利于预算目标的实现等。（　　）

6. 会计一方面对经济业务进行确认、计量和报告，另一方面还要对经济活动的真实性、合法性和合理性进行审查。（　　）

7. 我国财务报告的目标是向财务报告使用者提供决策有用的信息，并反映企业管理层受托责任的履行情况。（　　）

8. 财务会计的目标主要是为企业内部管理者提供决策有用的会计信息。（　　）

四、讨论题

1. 会计主体与法律主体有什么区别与联系？

2. 如何理解会计分期基本假设？

3. 如何理解会计核算和会计监督之间的关系？

4. 如何理解会计的目标？

5. 从会计的核算和监督职能，谈谈会计人员如何做到“坚持诚信，守法奉公”。

模块三 学会会计核算方法

一、单项选择题

1. 下列各项中，属于会计工作的起点和关键的是（　　）。

A. 填制和审核会计凭证　　B. 编制会计分录

C. 设置会计科目　　D. 登记会计账簿

2. 账户设置的依据是（　　）。

A. 会计科目　　B. 会计要素

C. 会计对象　　D. 会计主体

3. 按一定的成本对象，对生产、经营过程中所发生的成本、费用进行归类，以确定各对象的总成本和单位成本的专门方法是（　　）。

A. 复式记账　　B. 成本计算

C. 财产清查　　D. 会计核算

4. 对每一项经济业务，都用相等的金额，同时通过两个或两个以上相互对应的账户进行全面登记的一种专门方法是（　　）。

A. 登记会计账簿　　B. 填制和审核会计凭证

C. 复式记账　　D. 编制财务会计报告

二、多项选择题

1. 从会计循环的流程看，会计循环的环节包括（　　）。

A. 确认　　B. 计量

C. 预测　　D. 报告

2. 下列各项中，属于会计核算具体方法的是（　　）。

A. 登记账簿　　B. 成本计算

C. 财产清查　　D. 编制报表

3. 下列各项中，属于企业财务会计报告的有（　　）。

A. 资产负债表　　B. 利润表

C. 现金流量表　　D. 所有者权益变动表

三、判断题

1. 在设置会计科目后，还必须根据规定的会计科目开设相应的账户，以便对各种交易

或事项进行系统、连续的记录，向有关各方提供有用的会计信息。（　）

2. 会计凭证是直接登记账簿和编制财务会计报告的依据。（　）

3. 财务会计报告主要是以会计账簿记录为依据，经过加工整理而产生的一套完整的指标体系的书面文件。（　）

四、讨论题

1. 会计核算方法体系及其各种方法之间的关系如何？
2. 如何理解会计循环的组成内容？

项目二 Project 2

设置会计科目和账户

模块一 明确会计对象

一、单项选择题

1. 会计的对象可以概括为企业的（　　）。

A. 管理活动　　B. 经济活动

C. 资金运动　　D. 生产活动

2. 会计对象是会计核算和监督的内容，具体是指社会再生产过程中能以货币表现的（　　）。

A. 经济活动　　B. 生产活动

C. 产销活动　　D. 企业活动

3. 下列各项中，不属于会计对象的是（　　）。

A. 会计核算和监督的内容

B. 资金运动或价值运动

C. 社会再生产过程中的经济活动

D. 社会再生产过程中能以货币表现的经济活动

4. 企业的资金运动由各个环节组成，不包括（　　）。

A. 资金投入　　B. 资金运用

C. 资金退出　　D. 资金增值

5. 企业将投入的资金用于购买原材料，属于（　　）。

A. 筹资过程　　B. 经营过程

C. 投资过程　　D. 分配过程

6. 下列各项中，不属于资金退出的是（　　）。

A. 偿还各项债务　　B. 支付职工工资

C. 上交各项税金　　D. 向所有者分配利润

7. 下列各项中，不需要进行会计核算的是（　　）。

A. 从银行提取现金　　B. 收取销售订金

C. 结算销售货款　　D. 签订经济合同

二、多项选择题

1. 会计对象是指会计（　　）的内容。

A. 核算　　B. 监督

C. 预测　　D. 评价

2. 下列关于会计对象的表述中，正确的是（　　）。

A. 会计对象是指会计核算和监督的内容

B. 凡是特定单位能够以货币表现的经济运动都是会计对象

C. 企业的会计对象就是企业的资金运动

D. 企业的资金运动，表现为资金投入、资金运用和资金退出三个过程

3. 下列各项中，属于会计对象的是（　　）。

A. 会计核算和监督的内容

B. 资金运动或价值运动

C. 社会再生产过程中的经济活动

D. 社会再生产过程中能以货币表现的经济活动

三、判断题

1. 会计的对象是指会计核算和监督的内容，包括企业生产经营过程的全部内容。（　　）

2. 资金的退出指的是资金离开本企业退出资金的循环与周转，主要包括提取盈余公积、偿还各项债务，上交各项税金以及向所有者分配利润等。（　　）

3. 企业发生的所有经济活动，都是会计核算和监督的内容。（　　）

四、讨论题

1. 制造业的会计对象和商业流通企业的会计对象有何异同？

2. 制造企业资金循环与周转过程是什么？

五、业务实训题

（一）目的：掌握会计对象的内容。

（二）资料：惠通有限责任公司20××年10月有关事项，如表2－1所示。

（三）要求：分析惠通有限责任公司各事项是否属于会计对象。

表2－1

序号	事　　项	会计对象	不属于会计对象
1	与甲公司签订投资协议，甲公司拟投资100 000元		
2	接受甲公司投入机器设备价值60 000元		
3	支付会计师事务所鉴定费2 000元		
4	到工商行政管理部门办理税务登记		
5	支付办理税务登记费用5 000元		
6	举办会计及税法知识培训		
7	支付购买零星办公用品费用1 000元		
8	签订租赁协议，准备租入设备一台		
9	购买自用卡车一辆价值90 000元		

模块二　划分会计要素

一、单项选择题

1. 下列各项属于企业资产的是（　　）。

A. 应付账款　　B. 准备用于生产的库存原材料

C. 预收账款　　D. 即将购入的原材料

2. 下列各项中，不属于资产会计要素特征的是（　　）。

A. 由企业过去的交易或事项形成　　B. 必须是有形资产

C. 预期会给企业带来经济利益　　D. 由企业拥有或控制

3. 资产、负债和所有者权益是反映企业（　　）。

A. 财务状况的会计要素　　B. 经营成果的会计要素

C. 现金流量的会计要素　　D. 所有者权益的会计要求

4. 下列说法中，不正确的是（　　）。

A. 会计要素用于反映企业财务状况和经营成果

B. 会计要素包括资产、负债、所有者权益、收入、费用和利润

C. 资产、负债和所有者权益成为动态要素

D. 利润的确认主要依赖于收入和费用，以及直接计入当期利润的利得和损失的确认

5. 收入、费用和利润是反映企业（　　）。

A. 财务状况的会计要素　　B. 经营成果的会计要素

C. 现金流量的会计要素　　D. 所有者权益的会计要素

6. 下列各项中，属于企业资产要素的是（　　）。

A. 银行存款　　B. 短期借款

C. 实收资本　　D. 管理费用

二、多项选择题

1. 下列各项中，不属于资产的有（　　）。

A. 长期闲置不用的机器设备

B. 以融资租入方式租入的固定资产

C. 签订购货合同，计划下月购入的固定资产

D. 以经营租入方式租入的固定资产

2. 将一项现时义务确认为负债，需要符合负债定义的同时还应满足的条件有（　　）。

A. 与该资源有关的经济利益很可能流入企业

B. 与该义务有关的经济利益很可能流出企业

C. 该资源的成本或价值能够可靠地计量

D. 未来流出的经济利益的金额能够可靠地计量

3. 反映企业经营成果的要素，也称为动态会计要素，是构成利润表的基本框架。下列属于动态要素的有（　　）。

A. 收入　　B. 成本

C. 费用　　D. 利润

4. 下列各项中，属于反映企业财务状况会计要素的有（　　）。

A. 资产　　B. 负债

C. 收入　　D. 费用

5. 下列各项中，属于流动资产的有（　　）。

A. 银行存款　　B. 短期借款

C. 应收账款　　D. 原材料

6. 关于负债，表述正确的有（　　）。

A. 负债表现为债权人对企业净资产的索取权

B. 负债偿还按期限分为流动负债和非流动负债

C. 负债是企业过去的交易和事项形成的

D. 负债预期导致经济利益流出企业

7. 下列各项中，属于流动负债的有（　　）。

A. 短期借款　　B. 应付账款

C. 应付债券　　D. 应付利息

8. 下列各项中，属于所有者权益来源的有（　　）。

A. 所有者投入的资本　　B. 直接计入所有者权益的利得和损失

C. 留存收益　　D. 直接计入当期利润的利得和损失

9. 下列属于企业收入要素的是（　　）。

A. 销售产品收入　　B. 销售材料收入

C. 接受捐赠收入　　D. 材料的溢余

10. 收入按主次可分为（　　）。

A. 主营业务收入　　B. 营业外收入

C. 其他业务收入　　D. 销售材料收入

11. 下列各项中，属于期间费用的有（　　）。

A. 管理费用　　B. 销售费用

C. 财务费用　　D. 制造费用

12. 下列各项中，构成生产费用的有（　　）。

A. 直接从事产品生产的工人工资　　B. 生产产品机器设备折旧

C. 广告费　　D. 生产产品耗用的直接材料

13. 利润按形成层次分为（　　）。

A. 营业利润　　B. 经营利润

C. 利润总额　　D. 净利润

三、判断题

1. 所有者权益不需要偿还，除非发生减资、清算或分配现金股利。（　　）

2. 损失即费用，计入损失即计入当期费用。（　　）

3. 利润反映收入减去费用、直接计入当期利润的利得减去损失后的净额。（　　）

4. 无论采用什么方式清偿负债，都将导致企业未来经济利益的流出。（　　）

5. 收入是指企业在非日常活动中形成的、会导致所有者权益增加的、与所有者投入资本有关的经济利益的总流入。（　　）

6. 企业的费用主要包括其他业务成本、税金及附加、期间费用及营业外支出。（　　）

四、讨论题

1. 资产确认的条件是什么？

2. 简述负债和所有者权益的异同。

3. 收入和利得有何区别？

4. 费用和损失有何不同？

5. 简述会计六大要素之间的内在关系。

五、业务实训题

（一）目的：根据惠通公司20××年9月列举的事项，划分会计要素。

（二）资料：惠通公司20××年9月，公司可以用货币表现的事项的基本情况，如表2-2所示。

表2-2

序号	项目	会计要素		
		资产	负债	所有者权益
1	灵江公司投入资金的资本金400 000元			
2	存放在保险柜的库存现金8 000元			
3	存放在工商银行的存款120 000元			
4	应收的长江公司销货款20 000元			
5	应付的黄河公司购买的材料款36 000元			
6	库存的用来生产产品的材料80 000元			
7	库存待售的产品34 000元			
8	作为生产车间用的厂房150 000元			
9	生产产品用的机器设备200 000元			
10	购入尚在运输途中的材料10 000元			
11	正在加工中的产品44 000元			
12	向工商银行借入的期限6个月的借款230 000元			
合计				

（三）要求：根据惠通公司20××年9月列举的事项，划分会计要素，并按不同类别金额加总（见表2-2），并查看结果。

模块三　建立会计等式

一、单项选择题

1. 某企业期末资产总额为100万元，负债为20万元，该企业所有者权益金额为（　　）万元。

A. 20　　B. 80

C. 100　　D. 120

2. 下列各项中，能够使企业资产总额减少的是（　　）。

A. 向银行借款　　B. 向银行借款直接偿还应付账款

C. 以银行存款偿还借款　　D. 接受投资者投入现金

3. 甲公司期初资产总额为 100 万元，本期负债减少 5 万元，所有者权益增加 20 万元，下列选项中，正确反映期末资产总额的是（　　）万元。

A. 125　　B. 100

C. 120　　D. 115

4. 某企业月初资产总额为 40 万元，负债总额为 21 万元，当月从银行取得的借款为 10 万元；支付广告费 2 万元；则月末该公司所有者权益总额为（　　）万元。

A. 31　　B. 11

C. 19　　D. 17

5. 下列经济业务中，能引起资产和负债总额同时增加的是（　　）。

A. 收到其他单位归还的欠款，存入银行

B. 归还银行短期借款

C. 将现金存入银行

D. 购进商品一批，货款尚未支付

二、多项选择题

1. 某企业月初资产总额为 50 万元，本月发生下列业务：①向银行借款 30 万元存入银行；②用银行存款购买材料 2 万元；③收回应收账款 8 万元存入银行；④以银行存款偿还借款 6 万元。则月末资产总额不正确的为（　　）万元。

A. 80　　B. 74

C. 82　　D. 72

2. 任何一项经济业务都不会导致（　　）。

A. 资产增加，所有者权益减少，负债不变

B. 资产增加，所有者权益增加，负债不变

C. 负债减少，所有者权益增加，资产不变

D. 负债减少，资产增加，所有者权益不变

3. 下列关于“资产 = 负债 + 所有者权益”这一等式表述正确的有（　　）。

A. 是财务状况等式，也称为基本会计等式

B. 反映企业某一特定时点的资产、负债、所有者权益三者之间的平衡关系

C. 属于动态等式

D. 是复式记账法的理论基础

三、判断题

1. 企业于本年 5 月 15 日与 A 公司签订了一份商品购销合同，计划于 6 月 20 日销售一批商品给 A 公司，合同约定 A 公司于 6 月 25 日支付商品款给企业，则企业可以于 5 月 15 日

确定资产的增加。（　　）

2. 所有者权益不变的情况下，资产和负债不会发生一增一减的变化。（　　）

3. 无论发生什么样的经济业务，都不会破坏会计等式的平衡关系。（　　）

四、讨论题

1. 经济业务发生对会计等式的影响情况有哪些？
2. 如何理解静态会计等式？
3. 如何理解动态会计等式？
4. 谈谈你对“会计平衡之美”的认识。

五、业务实训题

实训一

（一）目的：练习经济业务的类型及其对会计等式的影响。

（二）资料：宏宇有限责任公司20××年9月发生下列经济业务：

1. 用银行存款1 000元购买材料。
2. 用银行存款归还短期借款30 000元。
3. 收到佳艺公司投入设备一台价值60 000元。
4. 从某单位购进一批材料价值7 000元，货款未付。
5. 将盈余公积转作实收资本80 000元。
6. 用应付票据抵付应付账款14 000元。
7. 收到广达公司应收票据，抵付应收账款20 000元。
8. 将企业实现的利润54 000元分配给投资者。
9. 退还投资人投资30 000元。

（三）要求：请分析上述各项经济业务的类型，填入表2-3中。

表 2－3

类　　型	经济业务序号
1. 一项资产增加，另一项资产减少	
2. 一项负债增加，另一项负债减少	
3. 一项所有者权益增加，另一项所有者权益减少	
4. 一项负债增加，一项所有者权益减少	
5. 一项负债减少，一项所有者权益增加	
6. 一项资产增加，一项负债增加	
7. 一项资产增加，一项所有者权益增加	
8. 一项资产减少，一项负债减少	
9. 一项资产减少，一项所有者权益减少	

实训二

（一）目的：练习经济业务的发生对会计等式的影响。

（二）资料：惠通有限责任公司20××年9月，资产、负债及所有者权益状况，如表2－4所示。

表 2－4　　资产、负债及所有者权益状况表　　单位：元

资　产	金　额	负债及所有者权益	金　额
货币资金	128 000.00	短期借款	230 000.00
应收账款	20 000.00	应付账款	36 000.00
存　　货	168 000.00	实收资本	300 000.00
固定资产	350 000.00	盈余公积	100 000.00
合　　计	666 000.00	合　　计	666 000.00

20××年10月公司发生了下列经济业务：

1. 7日，接受个人投资者姜红红投资200 000元，存入银行。
2. 10日，以银行存款100 000元偿还短期借款。
3. 12日，从银行提取现金2 000元备用。
4. 18日，以银行存款购买原材料4 000元。
5. 20日，开出商业承兑汇票一张价值30 000元，抵付应付账款。

（三）要求：

1. 分析上述经济业务发生后，对公司资产、负债及所有者权益有什么影响。
2. 编制“资产、负债和所有者权益变动表”，如表2－5所示。

表 2-5　　资产、负债和所有者权益变动表　　单位：元

资　产				负债及所有者权益			
项目	原金额	增减	变化后金额	项目	原金额	增减	变化后金额
货币资金				短期借款			
应收账款				应付票据			
存　货				应付账款			
固定资产				实收资本			
				盈余公积			
合　计				合　计			

模块四　设置会计科目

一、单项选择题

1. 会计科目是（　　）。

A. 会计要素的名称　　B. 报表的项目

C. 账簿的名称　　D. 账户的名称

2. 关于设置会计科目，下列说法正确的是（　　）。

A. 企业必须严格遵守《企业会计准则》的规定设置会计科目，不得增加和减少，更不得拆分和合并

B. 企业必须使用全部会计科目

C. 企业根据实际需要，可以按照自己意愿和需要设置会计科目，只要按照国家规定的格式和项目编制财务报表即可

D. 企业在不违反会计准则中确认、计量和报告的前提下，可以根据实际情况增设、拆分和合并会计科目

3. 会计科目分为总分类科目和明细分类科目的分类标准是其所（　　）不同。

A. 反映的会计对象　　B. 归属的会计要素

C. 提供信息的详细程度及其统驭关系　　D. 反映的经济业务

4. 账户设置的依据是（　　）。

A. 会计科目　　B. 会计要素

C. 会计对象　　D. 会计主体

5. 下列各项中，不属于总分类科目的是（　　）。

A. 应交所得税　　B. 所得税费用

C. 在途物资　　D. 累计折旧

6. 关于总分类科目和明细分类科目，以下表述不正确的是（　　）。
A. 总分类科目是提供总括信息的会计科目
B. 明细分类科目是提供更详细和更具体会计信息的科目
C. 明细科目较多的总账科目，可在总分类科目下设置二级明细科目，在二级明细科目下设置三级明细科目
D. 总分类科目又称总账科目或一级科目，是对会计对象具体内容进行总括分类、提供总括信息的会计科目

二、多项选择题

1. 以下关于总分类会计科目与明细分类会计科目的表述，正确的有（　　）。
A. 明细分类会计科目概括地反映会计对象的具体内容
B. 总分类会计科目详细地反映会计对象的具体内容
C. 总分类会计科目对所属的明细分类科目具有控制作用
D. 明细分类会计科目是对其所从属的总分类会计科目的补充和说明
2. 总分类账户对明细分类账户的作用是（　　）。
A. 统驭　　B. 控制
C. 补充　　D. 说明
3. 下列关于明细分类账户的表述中正确的是（　　）。
A. 明细分类账户也称一级会计账户
B. 明细分类账户是对总分类账户进一步分类的账户
C. 明细分类账户是对会计要素具体内容进行总括分类的账户
D. 明细分类账户是能提供更加详细更加具体会计信息的账户
4. 明细分类账户对总分类账户的作用是（　　）。
A. 统驭　　B. 控制
C. 补充　　D. 说明
5. 下列各项中，属于成本类科目的有（　　）。
A. 主营业务成本　　B. 生产成本
C. 研发支出　　D. 制造费用
6. 下列属于会计科目分类方法的有（　　）。
A. 按其提供信息的详细程度及统驭关系不同进行分类
B. 按其核算性质的不同进行分类
C. 按其企业会计核算制度的需要不同进行分类
D. 按其反映的经济内容不同进行分类

三、判断题

1. 明细会计科目可以根据企业内部管理的需要自行设定。（　　）
2. 总分类科目对明细分类科目起着补充说明和统驭控制的作用。（　　）

3. 成本类账户期末一般无余额。（ ）
4. 明细分类科目是对总分类科目的进一步分类，提供更详细、更具体的会计信息的科目。
（ ）

四、讨论题

1. 会计科目设置的意义是什么？
2. 我国为什么要采用统一的会计科目？
3. 总分类科目和明细分类科目之间是什么关系？

五、业务实训题

实训一

（一）目的：练习会计要素的划分及会计科目的分类。
（二）资料：佳和有限责任公司有关事项如下：
1. 存放在保险柜的库存现金 3 000 元。
2. 存放在工商银行的存款 70 000 元。
3. 已经存入证券公司 100 000 元，准备购买股票。
4. 应收惠仁公司货款 800 000 元。
5. 存出包装物押金 5 000 元。
6. 库存的甲、乙材料 15 000 元。
7. 企业的厂房和机器设备价值 300 000 元。
8. 库存待售的产品 64 000 元。
9. 应付江河公司购买材料款 80 000 元。
10. 正在加工中的产品 20 000 元。
11. 应上交国家的税款 10 000 元。
12. 应付职工的工资 20 000 元。
13. 运输用的汽车 80 000 元。
14. 投资者投入资本 46 000 元。

15. 已经向工商银行借入的期限 8 个月的借款 200 000 元。

16. 购买丁材料应付未付的货款 40 000 元。

17. 应收红光公司销货款 70 000 元。

（三）要求：分析佳和有限责任公司上述事项中涉及的会计要素和会计科目，填入表 2－6 中。

表 2－6

序号	项目内容	会计要素	会计科目
1			
2			
3			
4			
5			
6			
7			
8			
9			
10			
11			
12			
13			
14			
15			
16			
17			

实训二

（一）目的：掌握会计科目的设置。

（二）资料：惠通公司 20××年 5 月发生下列经济业务：

1. 接受东方公司投资 70 000 元存入银行。
2. 收到投资，其中设备协议价 80 000 元交付使用，资金 100 000 元存入银行。
3. 从银行取得期限为 3 个月的借款 2 000 000 元存入银行。
4. 上述借款年利率为 6%，计算提取本月的借款利息。
5. 收到某组织捐赠的设备一台价值 27 000 元，交付使用。
6. 上述 3 个月借款到期，归还银行本息合计 2 030 000 元。
7. 向银行借入 2 年期的借款 600 000 元。
8. 收到捐赠人赞助现金 5 000 元。
9. 用银行存款 500 000 元偿还到期的银行 3 年期借款。

10. 经有关部门批准将资本公积金 20 000 元转增资本。
11. 采购车间用设备价值 150 000 元，开出 3 个月商业承兑汇票一张。
12. 上述商业承兑汇票到期，按票面额支付款项。
13. 用银行存款 60 000 元支付上个月欠外单位货款。
（三）要求：分析每笔经济业务涉及的会计科目，填至表 2 – 7 中。

表 2 – 7

序号	经济业务内容	会计科目
1		
2		
3		
4		
5		
6		
7		
8		
9		
10		
11		
12		
13		

模块五　设置会计账户

一、单项选择题

1. 一个账户的增加发生额和该账户的期末余额一般都应在该账户的（　　）。
A. 借方　　B. 贷方
C. 相同方向　　D. 相反方向
2. 存在对应关系的账户称为（　　）。
A. 对应账户　　B. 联系账户
C. 总分类账户　　D. 明细分类账户
3. 下列反映资产情况的账户是（　　）。
A. “长期借款”账户　　B. “实收资本”账户

C. “库存商品”账户　　D. “管理费用”账户

4. 总分类账户一般只是（　　）。

A. 实物量度　　B. 货币量度

C. 实物、货币量度　　D. 劳动量度

5. 下列关于总分类账户与所属明细分类账户平行登记规则的表述中，不正确的是（　　）。

A. 两者登记的依据相同　　B. 两者登记的期间相同

C. 两者登记的方向一致　　D. 两者记录经济业务的详细程度相同

6. 会计科目与账户的本质区别在于（　　）。

A. 反映的经济内容不同　　B. 记录资产和权益的内容不同

C. 记录资产和权益的方法不同　　D. 会计账户有结构，而会计科目无结构

7. 具有一定的格式和结构，用于分类反映会计要素增减变动情况及其结果的载体是（　　）。

A. 账户　　B. 会计科目

C. 账簿　　D. 财务报表

8. 负债类账户的本期减少数和期末余额分别反映在（　　）。

A. 借方和借方　　B. 贷方和贷方

C. 借方和贷方　　D. 贷方和借方

9. 下列各项中应该在账户借方核算的是（　　）。

A. 负债的增加额　　B. 所有者权益的增加额

C. 资产的增加额　　D. 收入的增加额

10. 下列选项中，与“累计折旧”具有相同账户结构的是（　　）。

A. 固定资产　　B. 无形资产

C. 累计摊销　　D. 工程物资

二、多项选择题

1. 以下有关账户概念的阐述中，正确的有（　　）。

A. 账户是根据会计科目设置的

B. 账户具有一定格式和结构

C. 账户是用于分类反映会计要素增减变动情况及其结果的载体

D. 账户不具有一定的格式和结构

2. 下列与负债类账户结构相反的有（　　）。

A. 资产　　B. 费用

C. 成本　　D. 所有者权益

3. 总分类账户对明细分类账户的作用有（　　）。

A. 统驭　　B. 控制

C. 补充　　D. 说明

4. 下列关于明细分类账户的表述中，正确的有（　　）。

A. 明细分类账户也称一级会计账户
B. 明细分类账户是对总分类账户进一步分类的账户
C. 明细分类账户是对会计要素具体内容进行总括分类的账户
D. 明细分类账户是能提供更加详细更加具体会计信息的账户

5. 明细分类账户对总分类账户的作用有（　　）。
A. 统驭　　B. 控制
C. 补充　　D. 说明

6. 会计账户的各项金额的关系可用（　　）表示。
A. 期末余额 = 期初余额 + 本期增加发生额 - 本期减少发生额
B. 期末余额 - 期初余额 = 本期增加发生额 - 本期减少发生额
C. 期末余额 - 期初余额 - 本期增加发生额 = 本期减少发生额
D. 期末余额 + 本期减少发生额 = 期初余额 + 本期增加发生额

7. 设置账户可以（　　）地反映和监督会计要素的增减变动。
A. 完整　　B. 连续
C. 系统　　D. 灵活

8. 下列各项中，期末一般存在借方余额的有（　　）。
A. 成本类账户　　B. 负债类账户
C. 损益类账户　　D. 资产类账户

9. 企业用银行存款偿还应付账款 99 000 元，另用现金偿还应付账款 1 000 元，下列说法正确的有（　　）。
A. 资产类账户“应付账款”减少 99 000 元，记入该账户的贷方
B. 负债类账户“应付账款”减少 100 000 元，记入该账户的借方
C. 资产类账户“库存现金”减少 1 000 元，记入该账户的借方
D. 资产类账户“银行存款”减少 99 000 元，记入该账户的贷方

10. 在借贷记账法下，收入类账户的借方登记（　　）。
A. 增加额　　B. 减少额
C. 结转额　　D. 增加额或结转额

三、判断题

1. 账户是根据会计科目设置的，具有一定的格式和结构，用于分类反映会计要素增减变动情况和结果的载体。（　　）

2. 账户的简单格式分为左右两方，其中，左方表示增加，右方表示减少。（　　）

3. 总分类账户与其所属的明细分类账户核算的内容相同，所不同的是前者提供的信息比后者更详细。（　　）

4. 每个企业总分类账户、明细分类账户和二级账户都必须开设账页。（　　）

5. 所有企业开设相同的明细分类账户。（　　）

6. 平行登记，即每一笔经济业务都要以相等的金额，同时在两个或两个以上相互联系的账户中进行登记的记账方法，所属会计期间相同。（　　）

7. 总分类账户和明细分类账户进行了平行登记，账目就一定正确。（　）

8. 在设置会计科目后，还必须根据规定的会计科目开设相应的账户，以便对各种交易或事项进行系统、连续的记录，向有关各方提供有用的会计信息。（　）

9. 账户上期的期末余额转入本期，即为本期的期初余额；账户本期的期末余额转入下期，即为下期的期初余额。（　）

10. 登记本期增加的金额称为本期借方发生额，登记本期减少的金额称为本期贷方发生额。（　）

11. 在借贷记账法下，负债类账户与成本类账户的结构相反。（　）

12. “税金及附加”账户属于成本类账户。（　）

四、讨论题

1. 会计账户与会计科目有什么关系？
2. 会计对象、会计要素和会计科目之间的关系是什么？
3. 为什么账户要设置两种基本结构形式？

项目三 *Project 3*

运用借贷记账法

模块一　借贷记账法下的会计分录

一、单项选择题

1. 复式记账法是对企业发生的每一项经济业务都必须以相等的金额记入相互联系的账户中的数量有（　　）。

A. 一个　　B. 两个

C. 三个　　D. 两个或两个以上

2. 按照我国《企业会计准则》规定，企业应采用的记账方法是（　　）。

A. 增减记账法　　B. 收付记账法

C. 单式记账法　　D. 借贷记账法

3. 借贷记账法是一种复式记账法，记账符号为（　　）。

A. “借” 和 “贷”　　B. “增” 和 “减”

C. “收” 和 “付”　　D. 会计科目

4. 下列关于借贷记账法的表述，正确的是（　　）。

A. 以 “借” “贷” 作为记账符号的一种单式记账法

B. 借贷记账法下，“借” 表示增加，“贷” 表示减少

C. 借贷记账法下，账户的左方为贷方，右方为借方

D. 借贷记账法是我国会计准则规定使用的记账方法

5. 账户的对应关系是指采用借贷记账法对每笔交易或事项进行记录时，相关账户之间形成的（　　）的相互关系。

A. 应借、应贷　　B. 应增、应减

C. 应加、应减　　D. 应收、应付

6. 下列账户中与 “制造费用” 账户不可能发生对应关系的是（　　）。

A. 本年利润　　B. 生产成本

C. 原材料　　D. 应付职工薪酬

二、多项选择题

1. 复式记账法包括（ ）。

A. 增减记账法　　B. 收付记账法

C. 单式记账法　　D. 借贷记账法

2. 借贷记账法中，“借”表示（ ）。

A. 资产的增加　　B. 收入的增加

C. 费用的减少　　D. 所有者权益的减少

3. 借贷记账法中，“贷”表示（ ）。

A. 资产的减少　　B. 负债的增加

C. 所有者权益的增加　　D. 收入的增加

4. 下列账户中与资产类账户结构相反的有（ ）。

A. 负债类　　B. 收入类

C. 费用类　　D. 成本类

5. 以下符合借贷记账法记账规则的有（ ）。

A. 资产和权益同时增加，总额减少　　B. 资产和负债一增一减，总额增加

C. 资产与权益同时增加，总额增加　　D. 权益内部一增一减，总额不变

6. 下列关于“有借必有贷，借贷必相等”记账规则的表述正确的有（ ）。

A. 记入一个账户的借方，必须同时记入另一个账户的贷方

B. 记入一个账户的贷方，必须同时记入另一个账户的借方

C. 记入几个账户的贷方，必须同时记入几个账户的贷方

D. 记入一个账户的借方，必须同时记入几个账户的借方

7. 会计分录的基本要素包括（ ）。

A. 记账时间　　B. 记账符号

C. 记账金额　　D. 科目名称

8. 运用借贷记账法可以编制（ ）。

A. 一借一贷的分录　　B. 一借多贷的分录

C. 多借多贷的分录　　D. 多借一贷的分录

9. 下列关于借贷记账法的说法，正确的有（ ）。

A. 借贷记账法下，哪一方登记增加，哪一方登记减少取决于账户的性质和所记录经济内容的性质

B. “借”“贷”是借贷记账法的记账符号

C. 借贷记账法的记账规则是“有借必有贷，借贷必相等”

D. 借贷记账法下，可以进行试算平衡

10. 下列各项中，属于会计分录要素的有（ ）。

A. 应借应贷方向　　B. 金额

C. 相互对应的会计科目　　D. 摘要

11. 下列会计分录属于复合会计分录的有（ ）。

A. 一借一贷　　　　B. 一借多贷
C. 一贷多借　　　　D. 多借多贷

三、判断题

1. 复式记账法是对企业发生的每一项经济业务都以相等的金额记入两个账户中。（　　）
2. 在借贷记账法下，“借”表示增加，“贷”表示减少。（　　）
3. 借贷记账法的记账规则是“有借必有贷，借贷必相等”。（　　）
4. 会计分录按照所涉及账户的多少，可以分为一借一贷，一借多贷，多借一贷的会计分录，不允许编制多借多贷的分录。（　　）
5. 复合会计分录是指多借多贷的会计分录。（　　）
6. 记账规则是指采用某种记账方法登记具体经济业务时应当遵循的规律。（　　）
7. 通过会计账户的对应关系，可以了解经济业务的内容和资金运动的来龙去脉。（　　）
8. 在借贷记账法下，检查账户记录是否错误的唯一方法就是进行试算平衡。（　　）
9. 借贷记账法是一种以“借”“贷”作为记账符号，以“有借必有贷，借贷必相等”为记账规则，对每项经济业务在两个有关账户中相互联系地进行记录的一种复式记账方法。（　　）

四、讨论题

1. 复式记账的原理是什么？
2. 什么是借贷记账法？借贷记账法的账户结构如何？
3. 什么是账户的对应关系？
4. 编制会计分录的步骤是什么？
5. 为什么说借贷记账法是一种科学的记账方法？

五、业务实训题

（一）目的：会用借贷记账法编制会计分录。
（二）资料：阳光公司20××年10月发生如下经济业务：
1. 向银行借入为期5个月的借款12 000元，存入银行。
2. 接受明光公司的投资，其中原材料200 000元，专利权100 000元。
3. 用银行存款5 600元支付广告费。
4. 用银行存款缴纳本月应交的税金43 000元。
5. 企业行政管理部门用银行存款3 500元购买办公用品。
6. 购进甲材料一批价款50 000元，货款以银行存款支付。
7. 经理出差借支差旅费2 000元，以库存现金支付。
8. 购进乙材料一批价款60 000元，货款暂未支付。
9. 以银行存款归还前欠所购材料款60 000元。
10. 从银行提取3 000元现金备用。
（三）要求：根据上述经济业务编制会计分录。

模块二　借贷记账法下的试算平衡

一、单项选择题

1. 发生额试算平衡的编制依据是（　　）。
A. 有借必有贷，借贷必相等
B. 资产 = 负债 + 所有者权益
C. 全部账户的借方期初余额合计 = 全部账户的贷方期初余额合计

D. 全部账户的本期借方发生额合计 = 全部账户的本期贷方发生额合计

2. “预付账款”账户的期末余额等于（　　）。

A. 期初余额 + 贷方发生额 - 借方发生额　　B. 期初余额 + 贷方发生额 + 借方发生额

C. 期初余额 + 借方发生额 - 贷方发生额　　D. 期初余额 + 借方发生额 + 贷方发生额

3. “应收账款”账户的期初借方余额为 8 000 元，本期借方发生额为 4 000 元，本期贷方发生额为 5 000 元，则期末余额为（　　）元。

A. 17 000　　B. 9 000

C. 7 000　　D. 1 000

4. 下列关于账户余额试算平衡公式正确的是（　　）。

A. 全部账户的期末借方余额合计 = 全部账户期初借方余额合计 - 全部账户期初贷方余额合计 + 全部账户期末贷方余额合计

B. 全部账户的期末借方余额合计 = 全部账户期初借方余额合计 + 全部账户期初贷方余额合计 - 全部账户期末贷方余额合计

C. 全部账户的期末借方余额合计 = 全部账户期初借方余额合计 + 全部账户期初贷方余额合计 + 全部账户期末贷方余额合计

D. 全部账户的期末借方余额合计 = 全部账户的期末贷方余额合计

5. 试算平衡的理论依据是（　　）。

A. 借贷记账法的记账规则　　B. 资产 = 负债 + 所有者权益

C. 收入 - 费用 = 利润　　D. 平行登记

6. 根据资产与权益的恒等关系以及借贷记账法的记账规则，来检查所有会计科目记录是否正确的方法为（　　）。

A. 借贷记账　　B. 平行登记

C. 试算平衡　　D. 对账

7. 发生额试算平衡法下的平衡关系是（　　）。

A. 本期借方发生额 = 本期贷方发生额

B. 全部账户的本期借方发生额合计 = 全部账户的本期贷方发生额合计

C. 全部账户的期初借方余额合计 = 全部账户期初贷方余额合计

D. 全部账户的期末借方余额合计 = 全部账户的期末贷方余额合计

8. 所谓发生额试算平衡，是指根据借贷记账法的记账规则，检查（　　）记录是否正确的过程。

A. 某些账户　　B. 个别账户

C. 所有账户　　D. 资本类账户

二、多项选择题

1. 借贷记账法的试算平衡包括（　　）。

A. 增加额试算平衡　　B. 减少额试算平衡

C. 发生额试算平衡　　D. 余额试算平衡

2. 下列属于试算平衡的公式有（　　）。

A. 期末余额 = 期初余额 + 本期增加发生额 – 本期减少发生额

B. 全部账户的借方期初余额合计 = 全部账户的贷方期初余额合计

C. 全部账户的本期借方发生额合计 = 全部账户的本期贷方发生额合计

D. 全部账户的借方期末余额合计 = 全部账户的贷方期末余额合计

3. 试算平衡表中，库存现金账户的余额计算不正确，导致试算平衡表中全部账户期末借方余额合计为 168 000 元，而全部账户贷方余额合计为 160 000 元，则“库存现金”账户（　　）。

A. 为借方余额　　B. 为贷方余额

C. 贷方余额多记 8 000 元　　D. 借方余额多记 8 000 元

4. 下列会计等式正确反映试算平衡关系的有（　　）。

A. 全部账户的本期借方余额合计 = 全部账户的本期贷方余额合计

B. 全部账户的本期借方发生额合计 = 全部账户的期末贷方发生额合计

C. 资产账户的借方余额合计 = 资产账户的期末贷方余额合计

D. 负债账户的借方余额合计 = 负债账户的期末贷方余额合计

5. 下列错误中，不能通过试算平衡表查找出来的有（　　）。

A. 漏记某项经济业务　　B. 借贷方向相反

C. 重记某项经济业务　　D. 漏记某个科目余额

6. 甲企业月末编制试算平衡表，全部账户的借方余额合计为 150 000 元，全部账户的贷方余额合计为 180 000 元。经检查后发现，漏记了一个账户的余额，下列表述正确的有（　　）。

A. 为借方余额　　B. 为贷方余额

C. 余额为 15 000 元　　D. 余额为 30 000 元

三、判断题

1. 如果试算平衡表借贷平衡，则可以肯定记账无误。（　　）

2. 在借贷记账法下，检查账户记录是否错误的唯一方法就是进行试算平衡。（　　）

3. 若企业所有总分类科目期初余额是平衡的，即使本期发生额试算不平衡，若计算无误，期末余额试算也有可能会平衡。（　　）

4. 试算平衡，是指根据借贷记账法的记账规则和资产与权益的恒等关系，通过对所有账户的发生额和余额的汇总计算的比较，来检查记录是否正确的一种方法。（　　）

5. 发生额试算平衡是根据资产与权益的恒等关系，检验本期发生额记录是否正确的方法。（　　）

6. 一定时期内所有交易或事项全部记入账户后，若记账无误，所有账户的借方发生额合计与贷方发生额合计必然是相等的。（　　）

四、讨论题

1. 为什么要进行试算平衡？

2. 试算平衡就能说明记账无误吗？为什么？

五、业务实训题

（一）目的：练习借贷记账法及试算平衡表的编制。

（二）资料：

1. 南方家具有限责任公司20××年10月初“资产、负债及所有者权益状况表”，如表3-1所示。

表3-1 **资产、负债及所有者权益状况表** 单位：元

资　产	金　额	负债及所有者权益	金　额
库存现金	9 000.00	短期借款	120 000.00
银行存款	160 000.00	应付账款	54 000.00
固定资产	680 000.00	实收资本	535 000.00
		盈余公积	140 000.00
合　　计	849 000.00	合　　计	849 000.00

2. 10月发生的全部经济业务如下：

（1）7日，企业接受投资者投入资金80 000元，存入银行。

（2）8日，向银行借入3个月期的借款120 000元，存入银行。

（3）9日，将库存现金5 000元存入银行。

（4）16日，开出商业承兑票据抵付应付账款70 000元。

（5）21日，接受投资者投入仓库一幢价值180 000元，一项专利权价值60 000元。

（6）27日，购入机器设备一台价值120 000元，企业以银行存款支付100 000元，其余暂欠。

（三）要求：

1. 逐笔分析南方家具有限责任公司发生的经济业务引起的会计要素增减变化，运用借贷记账法，编制会计分录。

2. 开设“T”型账户，并逐笔登记“T”型账户，如图3-1所示。编制“试算平衡表”，

如表 3－2 所示。

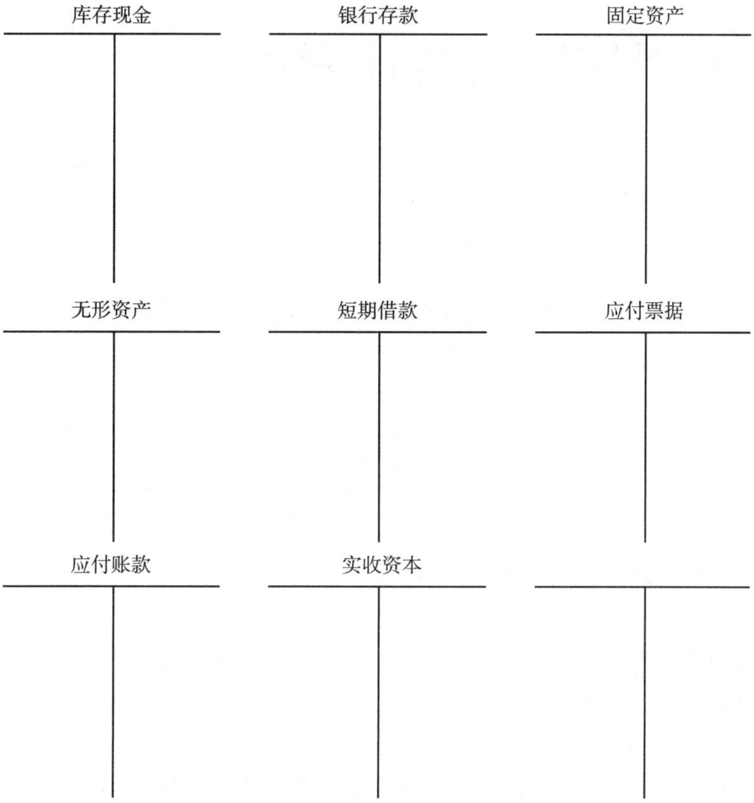

图 3－1　“T”型账户

表 3－2　　试算平衡表

账户名称	期初余额		本期发生额		期末余额	
	借方	贷方	借方	贷方	借方	贷方

项目四 *Project 4*

填制和审核会计凭证

模块一　填制和审核原始凭证

一、单项选择题

1. 会计日常核算工作的起点是（　　）。

A. 填制和审核会计凭证　　B. 财产清查

C. 设置会计科目和账户　　D. 登记会计账簿

2. 下列关于会计凭证的表述，错误的是（　　）。

A. 会计凭证是登记账簿的依据

B. 会计凭证按照填制程序和用途的不同可分为原始凭证和记账凭证

C. 原始凭证的作用是记录经济业务的发生过程和具体内容

D. 记账凭证又称为单据

3. 下列不属于自制原始凭证的是（　　）。

A. 领料单　　B. 成本计算单

C. 入库单　　D. 火车票

4. 根据连续反映某一时期内不断重复发生，而分次进行的特定业务编制的原始凭证是（　　）。

A. 一次凭证　　B. 累计凭证

C. 记账凭证　　D. 汇总原始凭证

5. 下列凭证中，属于外来原始凭的是（　　）。

A. 购货发票　　B. 领料单

C. 销货发票　　D. 工资结算单

6. “差旅费报销单”按格式的不同分类，属于原始凭证中的（　　）。

A. 外来凭证　　B. 通用凭证

C. 专用凭证　　D. 自制凭证

7. 原始凭证按照填制方法不同，分为一次原始凭证、累计原始凭证和汇总原始凭证。下列原始凭证中，属于累计凭证的是（　　）。

A. 收料单　　B. 领料单

C. 发货票　　D. 限额领料单

8. “收料单”是一种（　　）。

A. 累计凭证　　B. 汇总凭证

C. 一次凭证　　D. 记账凭证

9. “发出材料汇总表”是（　　）。

A. 汇总原始凭证　　B. 汇总记账凭证

C. 累计凭证　　D. 转账凭证

10. 原始凭证有错误的，正确的处理方法是（　　）。

A. 向单位负责人报告　　B. 退回，不予接受

C. 由出具单位重开或更正　　D. 本单位代为更正

11. 下列表示方法正确的是（　　）。

A. ￥508.00　　B. ￥　　86.00

C. 人民币伍拾陆元捌角伍分整　　D. 人民币　　柒拾陆元整

12. 填制原始凭证时，下列有关￥372.00 的大写金额，规范的填写是（　　）。

A. 人民币叁佰柒拾贰元　　B. 人民币叁佰柒拾贰元零角零分整

C. 人民币叁佰柒拾贰元整　　D. 叁佰柒拾贰元正

13. 集中反映各个部门及整个企业的应付职工工资、代扣款项及实发工资数额的原始凭证是（　　）。

A. 工资结算单　　B. 工资结算汇总表

C. 考勤记录　　D. 产量记录

14. 工资结算单的其中一份应交存档的部门是（　　）。

A. 劳资部门　　B. 职工个人

C. 生产车间　　D. 财会部门

15. 下列内容不属于原始凭证审核的内容是（　　）。

A. 是否有填制单位的公章和填制人员签章

B. 凭证是否符合规定的审核程序

C. 凭证是否符合有关计划和预算

D. 会计科目使用是否正确

16. 原始凭证所记录的经济业务是否符合有关的计划、预算，这属于原始凭证（　　）的审核。

A. 合法性　　B. 真实性

C. 完整性　　D. 合理性

二、多项选择题

1. 填制和审核会计凭证的意义有（　　）。

A. 记录经济业务，提供记账依据　　B. 明确经济责任，强化内部控制

C. 监督经济活动，控制经济运行　　D. 促使企业盈利，提高企业竞争力

2. 原始凭证的基本内容包括（　　）。

A. 原始凭证名称
B. 接受原始凭证的单位名称
C. 经济业务的性质
D. 凭证附件

3. “借款单”属于（　　）。
A. 外来原始凭证
B. 自制原始凭证
C. 一次凭证
D. 累计凭证

4. 下列项目中，属于原始凭证的有（　　）。
A. 发票
B. 提货单
C. 发出材料汇总表
D. 产品成本计算单

5. 原始凭证按照来源不同，分为（　　）。
A. 自制原始凭证
B. 外来原始凭证
C. 累计原始凭证
D. 汇总原始凭证

6. 下列凭证属于外来原始凭证的有（　　）。
A. 支付款收据
B. 银行转来的各种结算凭证
C. 工资发放明细表
D. 出差人员车票

7. 下列选项中，原始凭证按照填制的手续和内容进行分类的有（　　）。
A. 累计原始凭证
B. 专用原始凭证
C. 一次原始凭证
D. 汇总原始凭证

8. 下列选项中，按原始凭证载体的不同，可以分为（　　）。
A. 纸质原始凭证
B. 电子原始凭证
C. 自制原始凭证
D. 外来原始凭证

9. 与纸质原始凭证相比，电子原始凭证的特点有（　　）。
A. 无形性
B. 内容与载体相分离性
C. 以数字化方式呈现
D. 节省发票工本费

10. 下列关于“增值税专用发票”的说法，正确的有（　　）。
A. 记账联是销货方记账的原始凭证
B. 抵扣联是购货方用来扣税的原始凭证
C. 发票联是记账的原始凭证
D. 抵扣联是销货方用来交税的原始凭证

11. 在原始凭证上书写阿拉伯数字，正确的是（　　）。
A. 金额数字一律填写到角、分
B. 无角分的，角位和分位可写“00”或者符号“－”
C. 有角无分的，分位应当写“0”
D. 有角无分的，分位也可以用符号“－”代替

12. 原始凭证的填制要求包括（　　）。
A. 记录要真实
B. 内容要完整
C. 书写要清楚、规范
D. 编号要连续

13. 下列各项属于填制原始凭证基本内容的是（　　）。
A. 原始凭证名称
B. 接受原始凭证的日期
C. 接受原始凭证的单位名称
D. 填制单位签章

14. 下列可以作为库存现金收入的原始凭证有（　　）。
A. 发票
B. 转账支票

C. 非经营性收据　　　　　　　　　　　　D. 内部收据

三、判断题

1. 会计凭证按照填制方法的不同可分为原始凭证和记账凭证。（　　）
2. 原始凭证是会计核算的原始资料和重要依据，是登记会计账簿的直接依据。（　　）
3. 原始凭证是会计核算的原始资料和重要依据，是登记会计账簿的原始依据。（　　）
4. 外来原始凭证都是一次凭证。（　　）
5. 汇总凭证可以将两类或两类以上的经济业务汇总在一起，填列在一张汇总原始凭证上。（　　）
6. 一张原始凭证所列支出需要几个单位共同负担的，应当将其他单位负担的部分用复印件提供给其他单位。（　　）
7. 审核原始凭证的正确性，就是要审核原始凭证所记录的经济业务是否符合企业生产经营活动的需要、是否符合有关的计划和预算。（　　）
8. 从外部取得的原始凭证必须有填制单位财务专用章。（　　）
9. 税务部门统一印制的增值税专用发票属于专用原始凭证。（　　）

四、讨论题

1. 为什么说原始凭证是具有法律效力的书面证明？
2. 审核原始凭证的注意事项有哪些？
3. 原始凭证遗失如何处理？
4. 从原始凭证填制与审核，谈谈会计人员如何做到“坚持诚信，守法奉公”。

五、业务实训题

（一）目的：练习原始凭证与审核。

（二）资料：南方家具有限责任公司是一家生产制造企业，有关信息资料，如表4-1所示。

表 4－1　　南方家具有限责任公司有关信息资料表

公司名称	南方家具有限责任公司
开户银行	中国工商银行滨海支行
公司银行账号	6222623700000033678
电话	0532 85610389
公司地址	青岛市城阳区滨海路 231 号
法人代表	张余宽
企业财务科（5 人）	会计主管：李倩倩；复核员：张婷婷；出纳员：刘晶晶；记账员：孙玉玉；制证：王玲玲

20××年 10 月发生的经济业务如下：

（1）10 月 7 日，签发现金支票，从银行提取现金 3 000 元备用，请填写“现金支票”的内容至单据 4－1 中。

单据 4－1

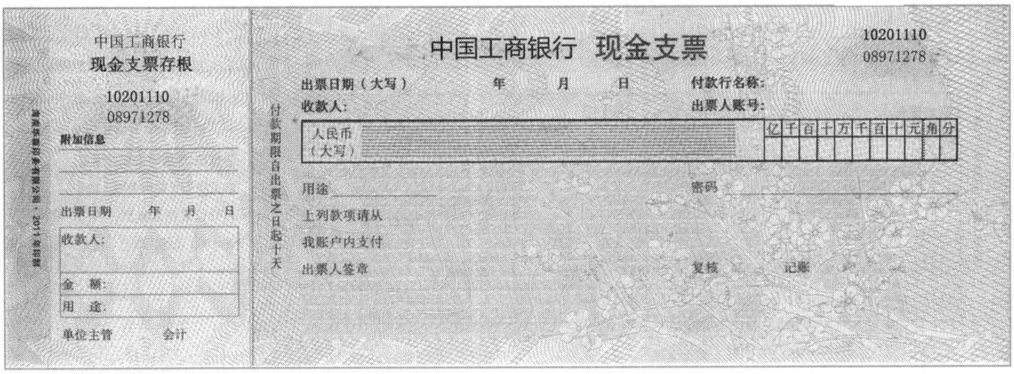

中国工商银行
现金支票存根
10201110
08971278
附加信息
出票日期　年　月　日
收款人：
金　额：
用　途：
单位主管　会计

中国工商银行　现金支票　10201110 08971278
出票日期（大写）　年　月　日　付款行名称：
收款人：　出票人账号：
付款期限自出票之日起十天
人民币（大写）　亿 千 百 十 万 千 百 十 元 角 分
用途　密码
上列款项请从
我账户内支付
出票人签章　复核　记账

（2）10 月 15 日，销售产品学生用课桌 1 000 张，单价 200 元；椅子 1 000 把，单价 80 元，增值税率 13%，款尚未收到。填写“增值税专用发票”的内容至单据 4－2 中。

单据 4－2

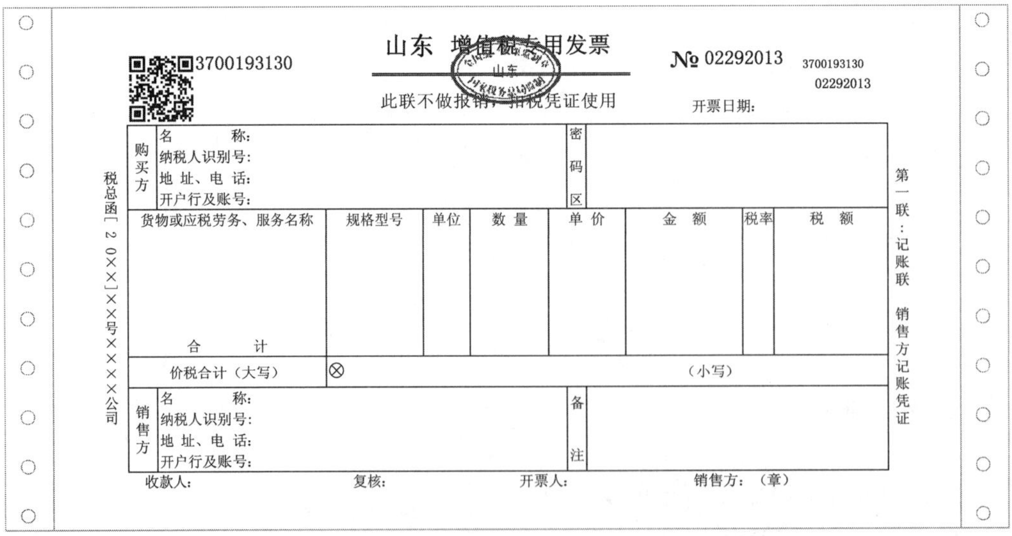

3700193130　山东　增值税专用发票　№ 02292013　3700193130 02292013
此联不做报销、扣税凭证使用　开票日期：
税总函［20××］××号×××公司

购买方	名称： 纳税人识别号： 地址、电话： 开户行及账号：				密码区		
货物或应税劳务、服务名称	规格型号	单位	数量	单价	金额	税率	税额
合计							
价税合计（大写）	⊗				（小写）		
销售方	名称： 纳税人识别号： 地址、电话： 开户行及账号：				备注		

收款人：　复核：　开票人：　销售方：（章）

第一联：记账联　销售方记账凭证

模块二　填制和审核记账凭证

一、单项选择题

1. 记账凭证通常分为收款凭证、付款凭证和转账凭证，这种分类方法的标准是（　　）。

A. 格式　　B. 反映的经济内容

C. 填列方式　　D. 依据的原始凭证

2. 收款凭证主要记录的经济业务是（　　）。

A. 应收票据增加　　B. 应收账款增加

C. 其他应收款增加　　D. 货币资金增加

3. 下列各项中，不属于专用记账凭证的是（　　）。

A. 收款凭证　　B. 付款凭证

C. 转账凭证　　D. 通用记账凭证

4. 不属于记账凭证编制基本要求的是（　　）。

A. 必须经由单位负责人签字　　B. 各项内容必须完整

C. 书写应清楚、规范　　D. 填制时发生错误应重新填制

5. 用转账支票支付前欠货款时，应编制（　　）。

A. 转账凭证　　B. 收款凭证

C. 付款凭证　　D. 原始凭证

6. 填制记账凭证时，错误的做法是（　　）。

A. 根据每一张原始凭证填制

B. 根据若干张同类原始凭证汇总填制

C. 将若干张不同内容和类别的原始凭证汇总填制在一张记账凭证上

D. 根据原始凭证汇总表编制

7. 现金收款凭证的填制日期应当是（　　）。

A. 原始凭证注明的日期　　B. 编制收款凭证的日期

C. 收取现金的日期　　D. 登记现金总账的日期

8. 下列各项业务中，应该编制收款凭证的是（　　）。

A. 购买原材料用银行存款支付　　B. 收到销售商品的款项

C. 购买固定资产，款项尚未支付　　D. 销售商品，收到商业汇票一张

9. 某企业购入材料一批，已经验收入库，货款 3 万元用银行存款支付，根据这项业务所填制的会计凭证是（　　）。

A. 现金收款凭证　　B. 现金付款凭证

C. 银行存款收款凭证　　D. 银行存款付款凭证

10. 将库存现金送存银行，应填制的记账凭证是（　　）。

A. 库存现金收款凭证　　B. 库存现金付款凭证

C. 银行存款收款凭证　　D. 银行存款付款凭证

11. 付款凭证左上角的“贷方科目”可能登记的科目是（　　）。

A. 应付账款　　B. 银行存款

C. 预付账款　　D. 其他应付款

12. 企业为职工支付工资，应当由出纳人员编制（　　）。

A. 收款凭证　　B. 付款凭证

C. 转账凭证　　D. 原始凭证

13. 出纳人员在办理收款或付款后，应加盖“收讫”或“付讫”的戳记，以避免重收重付，其加盖“收讫”或“付讫”戳记的位置是（　　）。

A. 记账凭证　　B. 原始凭证

C. 收款凭证　　D. 付款凭证

14. 下列内容中，不属于记账凭证的审核内容的是（　　）。

A. 凭证是否符合有关的计划和预算

B. 会计科目使用是否正确

C. 凭证的金额与所附原始凭证的金额是否一致

D. 凭证的内容与所附原始凭证的内容是否一致

二、多项选择题

1. 下列项目中，属于记账凭证的有（　　）。

A. 收款凭证　　B. 科目汇总表

C. 汇总原始凭证　　D. 转账凭证

2. 下列关于记账凭证的说法，正确的有（　　）。

A. 记账凭证上的日期指的是经济业务发生的日期

B. 对于涉及“库存现金”和“银行存款”之间的经济业务，一般只编制收款凭证

C. 出纳人员不能直接依据有关收、付款业务的原始凭证办理收、付款业务

D. 出纳人员必须根据经会计主管或其指定人员审核无误的收、付款凭证办理收、付款业务

3. 在填制记账凭证时，下列做法正确的有（　　）。

A. 将不同类型业务的原始凭证合并编制一张记账凭证

B. 记账凭证的日期必须填写

C. 将现金送存银行时只能填制银行存款收款凭证

D. 记账凭证按月连续编号

4. 可以不附原始凭证的记账凭证有（　　）。

A. 支付费用的记账凭证　　B. 计提利息的记账凭证

C. 更正错误的记账凭证　　D. 结账的记账凭证

5. 收款凭证的借方科目可能有（　　）。

A. 应收账款　　B. 库存现金

C. 银行存款　　D. 应付账款

6. 于明出差回来，报销差旅费 1 300 元，原预借 1 500 元，交回剩余现金 200 元，这笔业务应该编制的记账凭证有（　　）。

A. 付款凭证　　B. 收款凭证

C. 转账凭证　　D. 原始凭证

7. 记账凭证审核的主要内容有（　　）。

A. 所附原始凭证或记账凭证汇总表的内容与记账凭证的内容是否一致

B. 项目是否齐全

C. 科目、金额是否正确

D. 填制是否及时

三、判断题

1. 收款凭证和付款凭证是用来记录货币资金收、付业务的凭证。（　　）

2. 所有的记账凭证都必须附有原始凭证。（　　）

3. 记账凭证所附的原始凭证数量过多，也可以单独装订保管，但应在其封面及有关记账凭证上加注说明。（　　）

4. 复式记账的会计分录能反映经济业务的来龙去脉，所以会计在填制记账凭证时“摘要”一栏可以不填写。（　　）

5. 对于真实、合法、合理但内容不够完善、填写有错误的原始凭证，会计机构和会计人员不予以接受。（　　）

6. 收款凭证属于记账凭证，转账凭证属于原始凭证。（　　）

四、讨论题

1. 为什么要编制记账凭证？

2. 记账凭证与原始凭证的区别与联系是什么？

3. 如何填制和审核记账凭证？

4. 从填制和审核记账凭证，谈谈会计人员应如何做到严谨细致的会计工匠精神。

五、业务实训题

（一）目的：练习收款凭证、付款凭证和转账凭证的填制。

（二）资料：迅达公司20××年10月发生的经济业务如下：

1. 10月8日，采购员丁玉出差预借差旅费7 000元，以现金付讫。

2. 10月8日，接受宏达公司投入货币资金80 000元，存入银行。

3. 10月9日，从银行借入期限6个月的借款200 000元，存入银行。

4. 10月10日，从阳光公司购买甲材料1 000千克，单价20元，计20 000元，增值税2 600元；乙材料2 000千克，单价15元，计30 000元，增值税3 900元；材料验收入库，款项暂欠。

5. 10月13日，购买自用设备一台价款50 000元，增值税6 500元，以银行存款支付。

6. 10月14日，从银行提取现金4 000元备用。

7. 10月15日，生产A产品领用甲材料1 500千克，单价20元；领用乙材料2 000千克，单价15元。

8. 10月16日，采购员丁玉报销差旅费6 800元，余款交回现金200元，结清原预借款。

9. 10月20日，开出商业汇票，抵付阳光公司本月购入甲、乙材料价款及增值税。

10. 10月26日，销售给大洋公司A产品20件，每件售价800元，增值税2 080元，款项尚未收到。

11. 10月25日，收到销售给大洋公司销货款及税额，存入银行。

（三）要求：根据上述经济业务，编制收款凭证、付款凭证和转账凭证。

模块三　会计凭证的传递与保管

一、单项选择题

1. 关于会计凭证的保管，下列说法错误的是（　　）。

A. 未设立档案机构的，应当在会计机构内部指定专人保管

B. 原始凭证可以外借

C. 会计凭证不得任意销毁

D. 出纳人员不得监管会计档案

2. 关于会计凭证的保管，下列说法不正确的是（　　）。

A. 会计凭证应定期装订成册，防止散失

B. 会计主管人员和保管人员应在封面上签章

C. 原始凭证不得外借，其他单位如有特殊原因确实需要使用时，经本单位会计机构负责人、会计主管人员批准，可以复印

D. 经单位领导批准，会计凭证在保管期满前可以销毁

3.（　　）不得兼管会计档案。

A. 会计电算化人员　　B. 稽核人员

C. 出纳人员　　D. 报表会计

4. 管理部门当月购进办公用品若干，经办人员不慎将原始发票遗失，作为会计人员应（　　）。

A. 不予办理报销手续

B. 在其取得原供货单位注明原始凭证的号码、金额、内容并加盖公章的证明后，由本单位会计机构负责人、会计主管人员和单位负责人批准后，给予报销

C. 由当事人写明详细情况，相关人员证明后，给予报销

D. 责成经办人员取得原供货单位加盖公章的证明并经会计主管人员审查属实后，给予报销

5. 会计凭证的传递，是指（　　），在单位内部有关部门及人员之间的传递程序。

A. 会计凭证从填制时起到登记账簿止

B. 会计凭证从填至或取得时起到归档保管止

C. 会计凭证从审核后起到归档止

D. 会计凭证从填制或取得时起到汇总登记账簿止

6. 关于会计凭证的装订和保管，下列表述不正确的是（　　）。

A. 会计凭证必须按照归档制度，妥善整理和保管，形成会计档案，便于随时查阅

B. 对检查无误的会计凭证，要按顺序号排列，折叠整齐装订成册，并加具封面

C. 如果某些记账凭证的原始凭证数量过多，也可以单独装订保管，但应在其封面及有关记账凭证上加注说明
D. 合同、契约、押金、收据等重要原始凭证，必须装订成册，不得单独保管，以防散失
7. 关于会计凭证的归档保管，下列表述中错误的是（　　）。
A. 每月记账完毕，应将会计凭证按顺序号排列，装订成册
B. 原始凭证不得外借
C. 从外单位取得的原始凭证遗失时，应由开具单位重开
D. 重要的原始凭证可以单独保管
8. 关于会计凭证的传递与保管，以下说法不正确的是（　　）。
A. 科学合理的传递顺序能保证会计凭证在传递过程中的安全及时、准确和完整
B. 要建立会计凭证交接的签收制度
C. 原始凭证不得外借，也不得复制
D. 要严格遵守会计凭证的保管期限要求，期满前不得任意销毁

二、多项选择题

1. 在合理组织会计凭证传递时，主要应考虑的问题有（　　）。
A. 确定传递人员　　B. 确定传递路线
C. 确定传递时间　　D. 确定传递日期
2. 会计凭证的传递组织工作包括（　　）。
A. 规定保管期限和销毁制度
B. 规定会计凭证的传递路线
C. 制定会计凭证传递过程中的交接签收制度
D. 规定会计凭证在各环节的停留时间
3. 其他单位因特殊原因需要使用本单位的原始凭证，正确的做法是（　　）。
A. 可以外借
B. 将外借的会计凭证拆封抽出
C. 不得外借，经本单位会计机构负责人或会计主管人员批准，可以复制
D. 将向外单位提供的凭证复印件在专设的登记簿上登记
4. 会计凭证封面应注明（　　）。
A. 年度　　B. 凭证种类
C. 凭证张数　　D. 起止号数
5. 下列关于会计凭证的保管，说法错误的有（　　）。
A. 未设立档案机构的，应当在会计机构内部指定专人保管
B. 原始凭证经单位负责人批准可以外借
C. 会计凭证保管期不满，只要经过单位负责人同意就可以销毁
D. 为了防止抽换凭证，会计凭证应加贴封条
6. 会计档案的保管期限分为（　　）。
A. 永久　　B. 定期

C. 15 年　　　　　　　　　　　　　　　D. 30 年

7. 下列关于会计凭证的传递的说法，正确的有（　　）。

A. 会计凭证的传递是指从会计凭证的取得或填制时起至归档保管过程中，在单位内部有关部门和人员之间的传送程序

B. 规定传递程序

C. 确定传递时间

D. 建立会计凭证交接的签收制度

三、判断题

1. 会计凭证装订时由装订人员装订成册，并在装订线封签处签名或盖章。（　　）

2. 从外单位取得的原始凭证如有遗失，除火车、轮船、飞机票等凭证外，应当取得原开出单位盖有公章的证明，并注明原始凭证的号码、金额、内容等，经经办单位会计机构负责人、会计主管人员和单位负责人的批准后才能代作原始凭证。（　　）

3. 记账凭证所附的原始凭证数量过多时，也可以单独装订保管，但应在其封面及有关记账凭证上加注说明。（　　）

4. 原始凭证一般不得外借，其他单位如有特殊原因确实需要使用时，经本单位会计机构负责人、会计主管人员批准，可以外借。（　　）

5. 对于单位不重要的会计凭证可以不必按照程序的规定来办理。（　　）

6. 新旧账簿有关账户之间的余额结转，需要编制记账凭证。（　　）

7. 企业的原始凭证如果其他单位有特殊原因确实需要使用时，可以提供原件。（　　）

8. 移交本单位档案机构保管的会计档案，原则上应当保持原卷册的封装。（　　）

9. 定期保管的会计档案的保管期限，从装订完毕后的次日算起。（　　）

10. 对于真实、合法、合理，但内容不够完善，填写错误的原始凭证，会计机构和会计人员不予以接受。（　　）

11. 企业的原始凭证和记账凭证是重要的会计档案，应永久保存。（　　）

四、讨论题

1. 科学合理的会计凭证的传递程序对提高会计工作效率有何意义？

2. 在粘贴原始凭证和装订会计凭证中如何发挥会计工匠精神？

3. 会计凭证保管的注意事项有哪些？

项目五 *Project 5*

登记会计账簿

模块一 启用会计账簿

一、单项选择题

1. 将会计账簿划分为序时账簿、分类账簿、备查账簿的依据是（　　）。

A. 账簿的登记内容　　B. 账簿的外表形式

C. 账簿的用途　　D. 账簿的登记形式

2. 下列各类账簿中，一般采用活页账形式的为（　　）。

A. 日记账　　B. 总分类账

C. 明细分类账　　D. 备查账

3. 下列做法中，不符合会计账簿登记要求的是（　　）。

A. 使用圆珠笔登记

B. 数字和文字占行距的 1/2

C. 登记后在记账凭证上注明已经记账的符号

D. 顺序连续登记，不得跳页、隔页

4. 根据会计账簿的记账规则，账簿中书写的文字和数字上面要留有适当的空格，一般应占行距的（　　）。

A. 1/2　　B. 1/3

C. 3/4　　D. 3/5

5. 按照分类账户设置登记的账簿指的是（　　）。

A. 备查账簿　　B. 序时账簿

C. 分类账簿　　D. 三栏式账簿

6. 按经济业务发生时间的先后顺序，逐日逐笔进行登记的账簿是（　　）。

A. 明细分类账　　B. 总分类账

C. 序时账　　D. 备查账

7. 下列账簿中采用卡片式账簿的是（　　）。

A. 现金日记账　　B. 固定资产

C. 总分类账　　D. 明细分类账

8. 下列关于会计账簿的启用和登记要求表述不正确的是（ ）。
A. 启用订本式账簿应当从第一页到最后一页顺序编定页数，不得跳页、缺号
B. 账簿记录发生错误时，不得刮擦、挖补或用褪色药水更改字迹
C. 登记账簿可以使用蓝黑墨水或碳素墨水书写，也可以使用圆珠笔或铅笔书写
D. 会计账簿应当按照连续编号的页码顺序登记
9. 下列做法中不正确的是（ ）。
A. 库存现金日记账采用三栏式账簿
B. 产成品明细账采用数量金额式账簿
C. 生产成本明细账采用三栏式账簿
D. 应交税费明细账采用多栏式账簿
10. 下列关于账簿的表述中，正确的是（ ）。
A. 日记账采用数量金额式账簿
B. 原材料明细账一般采用三栏式账簿
C. 收入、成本、费用明细账一般采用数量金额式账簿
D. 库存商品明细账一般采用数量金额式账簿

二、多项选择题

1. 下列各项中，属于备查账簿的有（ ）。
A. 应收账款明细账
B. 租入固定资产登记簿
C. 委托加工材料登记簿
D. 工作人员登记簿
2. 下列账簿中，一般应采用三栏式的有（ ）。
A. 原材料明细分类账
B. 库存现金日记账
C. 制造费用明细分类账
D. 银行存款日记账
3. 以下说法正确的有（ ）。
A. 短期借款明细账应采用三栏式账页格式
B. 应收账款明细账应采用订本式账簿
C. 多栏式明细账一般适用于收入、成本、费用明细账
D. 库存商品总账一般采用三栏式订本账
4. 下列账簿中，必须采用订本式账簿的有（ ）。
A. “库存现金”日记账
B. “应收账款”明细账
C. “应收账款”总账
D. “管理费用”总账
5. 下列关于会计账簿启用的说法中，正确的有（ ）。
A. 启用会计账簿时，应在账簿封面上写明单位名称和账簿名称
B. 启用会计账簿时，应在账簿扉页上附启用表
C. 启用订本式账簿时应当从第一页到最后一页顺序编定页数，不得跳页、缺号
D. 使用活页式账簿应当按账户顺序编号，并应定期装订成册

三、判断题

1. 费用明细账一般采用多栏式账页。 （ ）

2. 三栏式账簿是指具有日期、摘要、金额三个栏目格式的账簿。 （　　）

3. 登记账簿时，发生的空行、空页一定要补充书写，不得注销。 （　　）

4. 如果账簿前一页登记已满，则翻页后可直接继续连续登记。 （　　）

5. 每个单位都应设置备查账簿。 （　　）

6. 制造费用明细分类账，应选用数量金额式账簿。 （　　）

7. 会计凭证所提供的会计信息过于分散，缺乏系统性，不便于会计信息的整理与报告。为了全面、系统、连续地记录单位的经济活动，应设置会计账簿。 （　　）

四、讨论题

1. 企业应建立的账簿体系有哪些？各类账簿之间的关系如何？

2. 企业应如何选择账簿？

3. 登记账簿的规则有哪些？

模块二　登记日记账

一、单项选择题

1. 下列各项中，属于日记账登记特点的是（　　）。

A. 定期逐笔登记　　B. 逐日逐笔登记

C. 顺序登记　　D. 汇总登记

2. 库存现金日记账应（　　）结出发生额和余额，并与库存现金实有数核对。

A. 每月　　B. 每十五日

C. 每三至五日　　D. 每日

3. 从银行提取现金，登记库存现金日记账的依据是（　　）。

A. 库存现金收款凭证　　B. 银行存款收款凭证

C. 库存现金付款凭证　　D. 银行存款付款凭证

4. 下列各项中，可以作为银行存款日记账逐笔登记的记账凭证是（　　）。

A. 银行存款收、付款凭证　　B. 库存现金收款凭证

C. 转账凭证　　D. 对账单

5. 下列做法中，不符合会计账簿登记要求的是（　　）。

A. 使用圆珠笔登记

B. 数字和文字占行距的1/2

C. 登记后在记账凭证上注明已经记账的符号

D. 顺序连续登记，不得跳页、隔页

6. 根据会计账簿的记账规则，账簿中书写的文字和数字上面要留有适当的空格，一般应占行距的（　　）。

A. 1/2　　B. 1/3

C. 3/4　　D. 3/5

二、多项选择题

1. 关于会计账簿的记账规则，正确的有（　　）。

A. 会计账簿的登记内容包括日期、编号、业务内容摘要、金额等

B. 在有些情况下需要用红字登记

C. 不得涂改、刮擦、挖补

D. 登记完毕需要在记账凭证上签名或盖章

2. 按照会计法律制度规定，可以使用红色墨水记账的有（　　）。

A. 按照红字更正法冲销错误记录

B. 在三栏式账页的余额前，如未印明余额方向，在余额栏内登记负数余额

C. 在不设置减少金额的多栏式账页中，登记减少数

D. 根据国家统一规定可以使用红色登记的其他会计记录

3. 下列关于库存现金日记账的具体登记方法，表述正确的有（　　）。

A. 日期栏是指记账凭证的日期，应与库存现金实际收付日期一致

B. 凭证栏是指登记入账的收付凭证种类和编号

C. 对方科目栏是指库存现金收入的来源科目或支出的用途科目

D. 收入、支出栏是指库存现金的实际收付的金额

4. 下列各项中，必须逐日结出余额的账簿有（　　）。

A. 库存现金总账　　B. 银行存款总账

C. 库存现金日记账　　D. 银行存款日记账

5. 关于会计账簿的相关内容，下列说法正确的有（　　）。

A. 要使用蓝黑墨水笔书写　　B. 月末结账划线可用红色墨水笔

C. 在某些特定条件下可使用铅笔　　D. 在规定范围内可以使用红色墨水

6. 关于库存现金日记账的格式的表述，正确的有（　　）。

A. 现金日记账的格式主要有三栏式

B. 现金日记账都可以使用活页账

C. 凭证栏是登记入账的收、付款凭证的种类和编号

D. 三栏式库存现金日记账是用来登记库存现金的增减变动及其结果的日记账

三、判断题

1. 库存现金日记账是由出纳人员根据审核无误的现金收、付款凭证和转账凭证按照经济业务的发生顺序，逐日、逐笔序时登记。（ ）

2. 库存现金日记账的借方是根据收款凭证登记的，贷方是根据付款凭证登记的。（ ）

3. 库存现金日记账的账页格式均为三栏式，并且必须使用订本账。（ ）

4. 银行存款日记账的日期栏是指记账凭证的日期，应与银行存款的实际收付日期一致。（ ）

5. 银行存款日记账的登记依据可以是银行存款收、付款凭证，也有可能根据现金的付款凭证进行登记。（ ）

四、讨论题

1. 日记账为什么要做到日清月结？

2. 登记账簿有哪些注意事项？

五、业务实训题

（一）目的：练习库存现金日记账、银行存款日记账的登记。

（二）资料：

1. 红星公司20××年10月初库存现金日记账的余额为2 700元，银行存款日记账余额98 000元。

2. 该公司10月发生下列经济业务：

（1）1日，签发现金支票，从银行提取现金6 000元备用。

（2）3日，接受投资者投入现金70 000元。

（3）3日，填写“进账单”，将上述款项送存银行。

（4）5日，购进材料价款30 000元，增值税3 900元，材料验收入库，价税款以银行存款支付。

（5）7日，签发现金支票，从银行提现，发放职工工资35 000元。

（6）10日，业务员李林预借差旅费5 000元，以现金付讫。

（7）18日，业务员李林出差归来，实报差旅费5 850元，多出850元补付现金。

（8）28日，销售产品一批，价款80 000元，增值税10 400元，价税款存入银行。

（三）要求：

1. 根据资料1开设库存现金日记账、银行存款日记账，并登记期初余额。

2. 根据资料2编制记账凭证。

3. 根据记账凭证登记库存现金日记账（见表5－1）、银行存款日记账（见表5－2），并办理月结。

表5－1　　　　**库存现金日记账**

20××年		凭证		摘要	对方账户	借方	贷方	余额
月	日	种类	号数					

表 5－2 银行存款日记账

20××年		凭证		摘要	对方账户	借方	贷方	余额
月	日	种类	号数					

模块三　登记分类账

一、单项选择题

1. 存货明细分类账一般采用（　　）。

A. 两栏式　　B. 三栏式

C. 多栏式　　D. 数量金额式

2. 明细分类账的外表形式为（　　）。

A. 订本式　　B. 活页式

C. 卡片式　　D. 备查式

3. 应收账款明细账的账页格式为（　　）。

A. 两栏式　　B. 三栏式

C. 多栏式　　D. 数量金额式

4. 总分类账一般采用的账页格式为（　　）。

A. 两栏式　　B. 三栏式

C. 多栏式　　D. 数量金额式

5. 对所发生的经济业务，以会计凭证为依据一方面记入有关总分类账户，另一方面登记到所属的明细分类账户中的方法是（　　）。

A. 复式记账法　　B. 借贷记账法

C. 平行登记　　D. 同时登记

6. 某企业原材料总分类账户的本期借方发生额为25万元，本期贷方发生额为24万元，其有关明细分类账户的发生额分别为：甲材料借方发生额为8万元，贷方发生额为6万元；乙材料借方发生额为13万元，贷方发生额为16万元，下列正确反映丙材料借方发生额和贷方发生额的是（　　）。

A. 借方发生额为4万元，贷方发生额为2万元

B. 借方发生额为12万元，贷方发生额为2万元

C. 借方发生额为4万元，贷方发生额为1万元

D. 借方发生额为6万元，贷方发生额为8万元

7. 关于登记总分类账的做法，不正确的是（　　）。

A. 总分类账可以根据原始凭证逐笔登记

B. 总分类账可以根据科目汇总表或汇总记账凭证登记

C. 经济业务少的小型单位的总分类账，可以根据记账凭证逐笔登记

D. 总分类账的登记方法因登记依据的不同而不同

8. 某公司“应收账款”总分类科目下设“A公司”和“B公司”两个明细科目。20××年12月末，“A公司”明细科目为借方余额500 000元，“B公司”明细科目为贷方余额100 000元，则“应收账款”总分类科目为（　　）。

A. 借方余额500 000元　　B. 贷方余额100 000元

C. 借方余额400 000元　　D. 借方余额600 000元

9. 下列关于明细分类账的格式与登记方法，不正确的是（　　）。

A. 三栏式账簿是指设有借方、贷方和余额三个金额栏目的账簿

B. 多栏式账簿是指在账簿的两个金额栏目（借方和贷方）按需要分设若干专栏的账簿

C. 数量金额式账簿是指设有借方、贷方和余额的账簿

D. 原材料、库存商品等存货账户，其借方（收入）、贷方（发出）和余额（结存）分别设有数量、单价和金额三个专栏

二、多项选择题

1. 可作为明细分类账主要依据的是（　　）。

A. 原始凭证　　B. 原始凭证汇总表

C. 科目汇总表　　D. 记账凭证

2. 属于明细分类账常用账页格式的有（　　）。

A. 横线登记式　　B. 三栏式

C. 多栏式　　D. 数量金额式

3. 下列账簿中，一般采用数量金额式账页的有（　　）。

A. 原材料明细账　　B. 库存商品明细账

C. 应收票据明细账　　D. 应收账款明细账

4. 以下说法正确的有（　　）。

A. 短期借款明细账应采用三栏式账页格式

B. 应收账款明细账应采用订本式账簿

C. 多栏式明细账一般适用于收入、成本、费用明细账

D. 库存商品总账一般采用三栏式订本账

5. 下列各项中，属于总分类账与明细分类账平行登记要点的有（　　）。

A. 时间相同　　B. 期间相同

C. 金额相等　　D. 方向相同

6. 必须逐日结出余额的账簿有（　　）。

A. 现金总账　　B. 银行存款总账

C. 现金日记账　　D. 银行存款日记账

三、判断题

1. 费用明细账一般采用多栏式账页。（　　）
2. 明细分类账账页格式应与所属的总分类账保持一致。（　　）
3. 明细分类账一般是逐笔登记，也可以定期汇总登记。（　　）
4. 在登记各种账簿时，可以根据需要隔页、跳行。（　　）
5. 总分类账最常用的格式为多栏式账簿。（　　）
6. 总分类账和明细分类账平行登记要求做到方向相同、期间一致、金额相等。（　　）
7. 应收、应付款明细账和各项财产物资明细账每月都需结出本期发生额及余额。（　　）
8. 明细账一般使用活页式账簿，以便根据实际需要随时添加账页。（　　）

四、讨论题

1. 总分类账和明细账的平行登记是什么？
2. 数量金额式明细账和三栏式明细账的区别是什么？
3. 如何登记多栏式明细账？

模块四　错账查找与更正

一、单项选择题

1. 在结账前，如果发现账簿记录有文字或数字错误，而记账凭证无误，可采用的更正方法是（　　）。

A. 划线更正法　　B. 红字更正法

C. 补充登记法　　D. 平行登记法

2. 填制记账凭证时无误，根据记账凭证登记账簿时，将 2 000 元误记为 20 000 元，更正时应采用（　　）。

A. 划线更正法　　B. 红字更正法

C. 补充登记法　　D. 更换账页的方法

3. 划线更正法更正账簿中错误的数字时，正确的做法是（　　）。

A. 用一条红线将整个数字全部划掉

B. 用一条红线将错误数字划掉

C. 用多条蓝线将整个数字全部划掉

D. 用一条蓝线将整个数字全部划掉

4. 划线更正法更正账簿中错误的文字时，正确的做法是（　　）。

A. 用一条红线将整段文字全部划掉

B. 用一条红线将错误文字划掉

C. 用多条蓝线将整个文字全部划掉

D. 用一条蓝线将整个文字全部划掉

5. 若记账凭证上的会计科目和应借应贷方向无误，应所记金额大于应记金额，并据以登记入账，应采用的更正方法是（　　）。

A. 红字更正法　　B. 划线更正法

C. 蓝字更正法　　D. 补充登记法

6. 某企业用库存现金支付职工医药费 119 元，会计人员编制的记账凭证借记应付职工薪酬 191 元，并登记入账，应采用的更正方法是（　　）。

A. 重新编制记账凭证　　B. 红字更正法

C. 划线更正法　　D. 补充登记法

7. 补充登记法主要适用于（　　）。

A. 记账文字或数字有误，所记科目无误

B. 记账后在年内发现所记金额无误，所用会计科目有误

C. 记账后在年内发现所记金额大于应记金额，所用会计科目无误

D. 记账后在年内发现所记金额小于应记金额，所用会计科目无误

8. 某会计人员在填写记账凭证时，误将 5 000 元写成 500 元，一般应采用（　　）更正。

A. 重新编制　　B. 红字更正法

C. 补充登记法　　D. 冲销法

二、多项选择题

1. 应采用红字更正法更正的有（　　）。

A. 在账簿中将 2 500 元误记为 2 550 元，记账凭证正确无误

B. 在填制记账凭证时，误将“应收账款”科目填为“其他应收款”，并已登记入账

C. 在填制记账凭证时，误将 3 000 元填作 300 元，尚未入账

D. 记账凭证中的借贷方向用错，并已入账

2. 下列属于划线更正法要点的有（　　）。

A. 在错误的文字或某个错误数字上划一条红线注销

B. 将正确的文字或数字用蓝字写在红线的上方

C. 将正确的文字或数字用红字写在红线的上方

D. 在错误的文字或整个错误数字上划一条红线注销

3. 查找错账的方法主要有（　　）。

A. 除 2 法　　B. 除 9 法

C. 尾数法　　D. 差数法

4. 下列关于划线更正法的说法，正确的有（　　）。

A. 可以只划去错误的单个数字　　B. 可以只划去错误的文字

C. 数字错误必须全部划去　　D. 错误的数字和文字都必须全部涂掉

三、判断题

1. 结账后，严禁采用划线更正法更正错误。（　　）

2. 漏记和重记适合用除 2 法查找。（　　）

3. 由于会计凭证中科目出错导致账簿记录错误，可采用划线更正法在错误的会计科目上划红线注销，并在错误记录上方填写正确的会计科目。（　　）

4. 结账前发现记账凭证会计科目错误，所记金额小于应记金额，应采用补充登记法。（　　）

5. 补充登记法一般适用于记账凭证所记会计科目无误，所记金额大于应记金额的错误。（　　）

6. 记账凭证必须编号，如写错作废时，应加盖“作废”章，并全部保存，不允许撕毁。（　　）

四、讨论题

1. 可能出现的错账有哪些情况？如何查找错账？
2. 错账更正的三种方法的适用范围是什么？

模块五　对账与结账

一、单项选择题

1. 会计部门各种财产物资明细分类账的期末余额应与财产物资保管或使用部门有关明细账的期末余额核对相符属于（　　）。

A. 账证核对　　B. 账账核对

C. 账实核对　　D. 余额核对

2. 下列关于结账方法的表述中，不正确的是（　　）。

A. 总账账户平时只需结出本月发生额和本月余额

B. 现金、银行存款日记账每月结账时要结出本月发生额和余额

C. 收入、费用等明细账每月结账时要结出本月发生额和余额

D. 需要结计本年累计发生额的某些明细账户，每月结账时，应在“本月合计”行下结出自年初起至本月末止的累计发生额

3. 下列对账事项中，属于账账核对的是（　　）。

A. 银行日记账与银行对账单的核对

B. 债权债务明细账与对方单位债权债务明细账的核对

C. 账簿记录与原始凭证的核对

D. 会计部门财产明细账与仓库保管部门财产明细账的核对

4. 结账时应划通栏双红线的是（　　）。

A. 结出当月发生额后　　B. 结出当季发生额后

C. 各月末结出“本年累计”发生额后　　D. 结出“本年累计”发生额后

5. 下列属于账证核对内容的是（　　）。

A. 会计账簿记录与记账凭证核对　　B. 总分类账簿与所属明细分类账簿核对

C. 原始凭证与记账凭证核对　　D. 银行存款日记账与银行对账单核对

6. 下列不属于账证核对的是（　　）。

A. 日记账应与收、付款凭证相核对

B. 总账全部账户的借方期末余额合计数应与贷方期末余额合计数核对相符

C. 总账应与记账凭证核对

D. 明细账应与记账凭证或原始凭证相核对

二、多项选择题

1. 对账工作的主要内容有（　　）。

A. 账实核对　　B. 账账核对

C. 账证核对　　D. 账表核对

2. 下列选项属于结账工作的有（　　）。

A. 结算有关账户的本期发生额及期末余额

B. 编制试算平衡表

C. 清点库存现金

D. 按权责发生制调整有关账项

3. 结账的程序包括（　　）。

A. 调整有关账项

B. 将损益类账户记入“本年利润”账户

C. 结出所有账户的本期发生额和期末余额

D. 办理结账手续

4. 下列结账方法中，正确的有（　　）。

A. 对于不需要按月结计发生额的账户，每月最后一笔余额即为月末余额。月末结账时，只需要在最后一笔经济业务记录之下通栏划单红线

B. 结账时“全年累计”发生额下通栏划双红线

C. 总账账户在年终结账时，在“本年合计”栏下通栏划双红线

D. 现金、银行存款日记账，每月结账时，在摘要栏注明“本月合计”字样，并在下面通栏划双红线

三、判断题

1. 对账必须在月末、季末、年末进行，即在记账之后结账之前进行。（　　）

2. 任何单位，对账工作应该每年至少进行一次。（　　）

3. 期末根据账簿记录，计算并记录出各账户的本期发生额和期末余额，在会计上称为结账。 （　　）

4. 备查账簿不必每年更换，可以连续使用。 （　　）

5. 结账是一项将账簿记录定期结算清楚的工作。 （　　）

6. 结账操作可以每月多次进行。 （　　）

四、讨论题

1. 对账的内容包括哪些？

2. 月结、季结和年结有何不同？

项目六 *Project 6*

企业日常主要经济业务的核算

模块一　筹集资金业务的核算

一、单项选择题

1. 下列选项中，不属于企业资金筹集来源的是（　　）。

A. 投资人投入的固定资产　　B. 投资人投资的增值

C. 结算形成的负债资金　　D. 采购商品支付的价款

2. 企业收到投资人投入的资本时，应贷记的账户是（　　）。

A. 投资收益　　B. 实收资本

C. 资本公积　　D. 盈余公积

3. 下列会计账户中，核算企业收到投资者出资额超过其在注册资本中所占份额的部分的是（　　）。

A. 实收资本　　B. 资本公积

C. 盈余公积　　D. 营业外收入

4. 投资者投入的固定资产应该作为入账价值的为（　　）。

A. 重置成本

B. 投资合同或协议约定的价值确定，但合同或协议约定价值不公允的除外

C. 双方确认的价值

D. 历史成本

5. 短期借款的期限通常是（　　）。

A. 一年以上　　B. 一年以下（含一年）

C. 一个经营周期以内　　D. 一个经营周期以上

6. 某企业从银行借入期限为9个月的借款10 000元，存入银行，应编制的会计分录为（　　）。

A. 借：银行存款　　10 000

　　贷：短期借款　　10 000

B. 借：银行存款　　10 000

　　贷：长期借款　　10 000

C. 借：长期借款　　10 000
　　贷：银行存款　　10 000

D. 借：短期借款　　10 000
　　贷：银行存款　　10 000

7. 某企业“短期借款”账户 20××年 1 月 1 日为贷方余额 50 000 元，当年借入短期借款 100 000 元，归还 80 000 元，则该年 12 月 31 日“短期借款”账户的余额是（　　）。

A. 借方余额 80 000 元　　B. 贷方余额 70 000 元

C. 贷方余额 130 000 元　　D. 贷方余额 80 000 元

二、多项选择题

1. 以下应计入资本公积的是（　　）。

A. 直接计入所有者权益的利得和损失

B. 收到投资者投入的超出其在企业注册资本（或股本）中所占的份额

C. 直接计入利润的利得和损失

D. 投资者按照企业章程、合同或协议约定，实际投入企业的资本金

2. 收到投资者投入的固定资产 20 万元，下列说法正确的有（　　）。

A. 借记“固定资产”科目 20 万元　　B. 贷记“实收资本”科目 20 万元

C. 贷记“固定资产”科目 20 万元　　D. 借记“实收资本”科目 20 万元

3. 所有者投入资本按照投资主体的不同可以分为（　　）。

A. 国家资本金　　B. 法人资本金

C. 个人资本金　　D. 外商资本金

4. 下列所有者权益类账户中，能够反映投资者投入资本的账户有（　　）。

A. 实收资本　　B. 股本

C. 资本公积　　D. 盈余公积

三、判断题

1. 所有者权益筹资形成所有者的权益，通常称为债务资本。（　　）

2. 投资者一经投资，不得从企业撤出原有投资。（　　）

3. 资本公积只有在所有者投入企业的资金超过注册资本份额时才会发生。（　　）

4. 银行借款不论期限长短都必须按期偿还，并按规定支付利息。（　　）

四、讨论题

1. 企业接受投资的形式有哪些？

2. 企业有哪些筹集资金的方式？

3. 所有者权益筹资与负债筹资有何异同？

4. 在筹资业务核算中，如何做到“坚持准则，守责敬业”？

五、业务实训题

（一）目的：练习资金筹集业务的核算。

（二）资料：佳和公司20××年9月发生下列资金筹集业务。

1. 2日，接受长城公司以一栋厂房和一部分机器设备进行的投资，厂房价值1 800 000元，机器设备价值1 200 000元。

2. 7日，接受首创公司以银行存款投入的投资款300 000元。

3. 8日，接受个人投资者吕玲玲以一项发明专利进行的投资，经资产评估部门评估，价值200 000元。

4. 10日，向银行借入期限3个月，利率6%的短期借款150 000元，借款已转入公司银行存款户。

5. 12日，向银行借入3年期，年利率为9.6%，每年付息，到期还本的长期借款500 000元，用于生产经营，借款已经转入公司银行存款户。

6. 20日，接到银行通知，收到国家投入资金400 000元。

（三）要求：根据上述经济业务编制会计分录（或记账凭证）。

模块二　供应过程业务的核算

一、单项选择题

1. 购入原材料 5 000 元（暂不考虑增值税），已经验收入库，用银行存款 2 000 元支付部分货款，剩余款项暂欠。该项经济业务中与“原材料”账户存在对应关系的会计账户是（　　）。

A. 应付账款　　B. 其他应付款
C. 预付账款　　D. 生产成本

2. 企业预付给甲企业购货款 107 万元，应借记的账户是（　　）。

A. 库存现金　　B. 预付账款
C. 其他应付款　　D. 应收账款

3. 用“原材料”账户核算收发和使用情况的是（　　）。

A. 在途材料　　B. 库存材料
C. 发出材料　　D. 代管材料

4. 某公司为增值税一般纳税人，从外地购进甲种材料，买价 3 200 元，增值税 426 元，外地运输费 120 元，则该材料的实际成本为（　　）元。

A. 3 320　　B. 3 200
C. 3 745　　D. 3 626

5. 下列选项中，不应计入材料采购成本的费用是（　　）。

A. 材料买价　　B. 运杂费
C. 运输中的保险费　　D. 采购员的差旅费

6. 公司购买材料已验收入库，通过银行支付一部分货款，另外部分货款尚未支付，会计人员应填制的凭证是（　　）。

A. 收款凭证　　B. 付款凭证
C. 转账凭证　　D. 付款凭证和转账凭证

7. 某企业为增值税一般纳税人，外购一批原材料，实际支付的价款为 3 000 元，支付增值税 390 元，取得增值税专用发票，同时发生运杂费 50 元，合理损耗 20 元，入库前的挑选整理费 30 元，则原材料的入账价值为（　　）元。

A. 3 080　　B. 3 100
C. 3 490　　D. 3 000

二、多项选择题

1. 企业外购存货的实际采购成本包括（　　）。

A. 支付的货款　　B. 发生的各项采购费用

C. 入库前的挑选整理费　　D. 运输途中的合理损耗

2. 下列关于“应付账款”账户的表述正确的有（　　）。

A. 贷方登记企业购买材料、商品和接受劳务等发生的应付账款

B. 期末贷方余额反映企业尚未支付的应付账款

C. 一般应按照债权人设置明细账户进行明细核算

D. 借方登记偿还的应付账款或已冲减的无法支付的应付账款

3. 下列各项中，应当借记“应付账款”账户的有（　　）。

A. 偿还应付账款　　B. 冲销无法支付的应付账款

C. 赊购商品而发生的应付账款　　D. 支付职工工资

4. 企业用预付货款采购物资，下列业务中，应当借记“预付账款”账户的有（　　）。

A. 收到所购物资确认物资成本　　B. 向供应单位预付款项

C. 收回多付的货款　　D. 补付预付不足的货款

5. 企业购入材料 6 000 元，以银行存款支付 3 000 元，余额未付，材料已入库。这一经济业务涉及的账户有（　　）。

A. 原材料　　B. 主营业务成本

C. 应付账款　　D. 银行存款

三、判断题

1. 预付账款不多的企业，可以不设置“预付账款”账户，而直接通过“应收账款”账户核算。（　　）

2. “在途物资”账户期末一定无余额。（　　）

3. “应付票据”账户，核算企业购买材料、商品和接受劳务等开出、承兑的商业汇票。（　　）

4. “应付账款”账户的期末余额在借方，反映尚未偿还的应付账款。（　　）

5. 材料的采购成本是指企业物资从采购到入库前所发生的全部支出，包括购买价款、相关税费、运输费、装卸费、保险费以及其他可归属于采购成本的费用。（　　）

6. “应交税费”账户期末如在贷方，反映企业多交或尚未抵扣的税费。（　　）

7. 企业存货是指日常活动中持有以备出售的产成品或商品、处在生产过程中的在产品、在生产过程或提供劳务过程中耗用的材料、物料等。（　　）

四、讨论题

1. 存货成本的构成内容有哪些？

2. 购买原材料时取得增值税普通发票，增值税进项税额是否可以抵扣？

五、业务实训题

实训一

（一）目的：练习供应过程业务的核算。

（二）资料：光华公司某年9月发生的经济业务如下：

1. 5日，从海洋公司购入甲材料20 000千克，每千克5元，货款100 000元，增值税13 000元；运输费3 000元，增值税270元，价税款以银行存款支付，材料尚未到达。

2. 7日，上述甲材料已运到并验收入库，按其实际采购成本入账。

3. 9日，向江河公司购入乙材料4 000千克，每千克10元，货款40 000元，增值税5 200元；供货方代垫运输费1 200元，增值税108元，材料已运达并验收入库，款项尚未支付。

4. 17日，以银行存款支付前欠江河公司款项。

5. 20日，从双林公司购入丙材料5吨，每吨8 000元，丁材料2吨，每吨10 000元，计货款60 000元，增值税额7 800元，前已向B公司预付购料款70 000元，差额以银行存款结清。

6. 25日，从双林公司购入的丙材料和丁材料均已验收入库，按其实际采购成本入账。

（三）要求：根据以上经济业务编制会计分录（或记账凭证）。

实训二

（一）目的：练习供应过程业务的核算和材料采购成本的计算。

（二）资料：

1. 东风公司20××年4月初“在途物资”总分类账户借方余额为60 000元；“原材料”总分类账户借方余额为940 000元。

2. 该公司当年4月发生下列部分经济业务：

（1）1日，采购员张明预借差旅费1 500元，以现金支付。

（2）2日，向南方公司购入A材料20 000千克，每千克5元，计100 000元；B材料10 000千克，每千克20元，计200 000元，合计货款300 000元，增值税率13%；运输费9 000元，增值税率9%，价税款项以银行存款支付（其中共同发生的运输费按材料重量比例分配）。

（3）4日，向南方公司购入的A材料与B材料均已运到，并验收入库，按其实际采购成本入账。

（4）6日，向宝山公司购入A材料2 500千克，每千克4元，计10 000元；B材料500千克，每千克20元，计10 000元；C材料500千克，每千克10元，计5 000元，合计货款25 000元，增值税率13%；运输费700元，增值税率9%，款项以银行存款支付（其中共同发生的运杂费按材料重量比例分配）。

（5）8日，从宝山公司购入的A、B、C三种材料已运达企业，并验收入库，按其实际采购成本入账。

（6）18日，向亚东公司购入D材料1 000千克，每千克15元，增值税率13%；运输费500元，增值税率9%，以银行存款支付10 000元，余款暂欠。

（三）要求：

1. 开设“在途物资”和“原材料”总分类账户（“T”型账户）并根据资料1登记期初余额。

2. 根据资料2所列经济业务编制会计分录（或记账凭证），并登记“在途物资”和“原材料”总分类账户。

模块三　生产过程业务的核算

一、单项选择题

1. 固定资产的备抵账户是（　　）。

A. 累计摊销　　B. 累计折旧

C. 存货跌价准备　　D. 无形资产减值准备

2. 制造企业经营的核心是（　　）。

A. 生产业务　　B. 销售业务

C. 供应业务　　D. 利润形成与分配业务

3. 计提本月固定资产折旧时，应贷记的账户是（　　）。

A. 固定资产　　B. 累计折旧

C. 预提费用　　D. 制造费用

4. “生产成本”账户的贷方登记（　　）。

A. 为产品生产发生的各项费用　　B. 完工入库产品的成本

C. 已售产品的生产成本　　D. 期末转入“本年利润”账户的成本

5. 下列各项表述正确的是（　　）。

A. 车间管理人员的福利费应记入“管理费用”账户

B. 由工程负担的职工薪酬，计提时应记入“固定资产”账户

C. 职工薪酬是指管理部门为获得职工提供劳务而给予各种形式的报酬以及其他相关支出

D. 为创造生产条件需要，车间间接消耗的各种材料费，应借记“制造费用”账户，贷记“原材料”账户

6. 借：库存商品
　　贷：生产成本，这笔会计分录反映的经济业务是（　　）。

A. 结转已销售产品的生产成本　　B. 结转已完工入库产品的生产成本

C. 结转应由生产成本负担的产成品　　D. 冲销已销售产品的成本

7. 生产车间管理部门领用的材料费应记入的账户是（　　）。

A. 生产成本　　B. 制造费用

C. 管理费用　　D. 营业成本

8. 开出转账支票一张，支付本月工资 120 000 元。应编制的会计分录为（　　）。

A. 借：应付职工薪酬——工资　　120 000
　　贷：库存现金　　120 000

B. 借：库存现金　　120 000
　　贷：银行存款　　120 000
C. 借：银行存款　　120 000
　　贷：应付职工薪酬——工资　　120 000
D. 借：应付职工薪酬——工资　　120 000
　　贷：银行存款　　120 000

9. 下列各项中，不属于职工薪酬内容的是（　　）。
A. 住房公积金　　B. 工会经费和职工教育经费
C. 职工因工出差的差旅费　　D. 因解除与职工的劳动关系给予的补偿

10. 计提车间管理人员的工资，应记入的贷方账户是（　　）。
A. 应付职工薪酬　　B. 管理费用
C. 制造费用　　D. 生产成本

11. 某企业8月一车间生产A、B两种产品，本月一车间发生制造费用24 000元，要求按照生产工人的工资比例分配制造费用。本月A产品生产工人工资为80 000元，B产品生产工人工资为40 000元。则B产品应负担的制造费用为（　　）元。
A. 8 000　　B. 12 000
C. 16 000　　D. 24 000

12. 下列不应计入产品成本的费用是（　　）。
A. 产品生产时领用的材料费
B. 产品生产时所发生的燃料和动力费
C. 车间生产人员工资及车间管理人员工资
D. 车间设备的日常修理费用

13. 企业计提固定资产折旧的会计分录表述不正确的是（　　）。
A. 计提销售部门固定资产折旧：借：销售费用
　　贷：累计折旧
B. 计提工程用的固定资产折旧：借：在建工程
　　贷：累计折旧
C. 计提行政管理部门固定资产折旧：借：管理费用
　　贷：累计折旧
D. 计提生产车间固定资产折旧：借：生产成本
　　贷：累计折旧

14. 下列表述错误的选项是（　　）。
A. 制造费用是指企业为生产产品和提供劳务的各项间接费用
B. 企业发生的制造费用，应当按照合理的分配标准按月分配计入各成本核算对象的生产成本
C. 结转或分摊制造费用时，借记“制造费用”等账户，贷记“生产成本”账户
D. 如果月末某种产品全部完工，该种产品生产成本明细账所归集的费用总额就是该种完工产品的总成本

二、多项选择题

1. 库存商品包括（　　）。

A. 库存产成品　　B. 寄存在外的商品
C. 发出展览的商品　　D. 代管商品

2. 产品生产成本包括（　　）。

A. 直接人工　　B. 直接材料
C. 制造费用　　D. 管理费用

3. 某企业20××年3月31日，按照规定计提本期固定资产的折旧24 000元，其中生产车间折旧为19 000元，行政管理部门折旧为5 000元。根据该项经济业务，下列表述中正确的有（　　）。

A. “管理费用”账户应反映借方发生额5 000元
B. “生产成本”账户应反映借方发生额19 000元
C. “制造费用”账户应反映借方发生额19 000元
D. “累计折旧”账户应反映贷方发生额24 000元

4. 下列关于“累计折旧”账户表述不正确的有（　　）。

A. 反映固定资产的损耗价值
B. 计提折旧时记入“累计折旧”账户的借方
C. 期末余额在贷方
D. 企业应按年计提固定资产折旧

5. 下列各项应计入当期产品成本的是（　　）。

A. 购入材料运杂费　　B. 生产工人工资
C. 车间管理人员工资　　D. 行政管理人员工资

6. 下列费用发生时，直接记入“生产成本”账户核算的是（　　）。

A. 为制造产品而发生的材料费用　　B. 为制造产品而发生的人工费用
C. 为制造产品而发生的设备折旧费用　　D. 生产车间管理人员的工资

7. 下列各项中，应计入制造费用的有（　　）。

A. 车间设备折旧费　　B. 车间管理人员的工资
C. 车间机物料消耗　　D. 车间办公费

8. 计提应付职工薪酬时，借方可能涉及的账户有（　　）。

A. 制造费用　　B. 销售费用
C. 在建工程　　D. 应付职工薪酬

三、判断题

1. 企业的固定资产是为了生产商品、提供劳务、出租或经营管理和直接用于出售而持有的。（　　）

2. 生产费用是指与企业日常生产经营活动有关的费用，按其经济用途可分为直接材料、

直接人工和制造费用。（　）

3. 制造费用和管理费用都是本期发生的费用，因此，均应计入当期损益。（　）

4. 生产多种产品的车间中，为生产产品发生的各项间接费用，应首先通过“制造费用”账户归集，期末再按一定标准和方法分配计入各种产品成本。（　）

5. “累计折旧”账户期末余额通常在借方，反映企业固定资产的累计折旧额。（　）

6. 仅生产一种产品的生产车间，为生产该产品而发生的各项间接费用，可以直接计入产品成本。（　）

四、讨论题

1. 产品生产成本有哪些成本项目构成？
2. “生产成本”与“库存商品”两个账户有什么区别与联系？
3. 在生产过程核算业务中，如何做到“坚持准则，守责敬业”？

五、业务实训题

实训一

（一）目的：练习生产过程业务的核算。

（二）资料：光华公司20××年5月发生下列部分经济业务：

1. 10日，生产甲产品领用下列材料（见表6-1）。

表6-1

材料名称	数量（千克）	单价（元/千克）	金额（元）
A材料	8 000	6	48 000
B材料	15 000	8	120 000
C材料	5 000	12	60 000
合计			228 000

2. 15 日，从银行提取现金 20 000 元，准备发放工资。

3. 15 日，以现金发放本月职工工资 20 000 元。

4. 20 日，生产乙产品领用下列材料（见表 6－2）。

表 6－2

材料名称	数量（千克）	单价（元/千克）	金额（元）
A 材料	5 000	6	30 000
B 材料	8 000	8	64 000
C 材料	500	12	6 000
合计			100 000

5. 31 日结转本月应付职工工资 20 000 元，其中，甲产品生产工人工资 10 000 元，乙产品生产工人工资 6 000 元，车间管理人员工资 2 500 元，企业行政管理人员工资 1 500 元。

6. 31 日，按工资总额的 20% 与 10% 的比例分别计提职工各种社会保险及住房公积金。

7. 31 日，以银行存款支付本月份水电费 8 000 元，增值税率 13%，其中生产甲产品耗用 3 500 元，乙产品耗用 2 500 元，基本生产车间耗用 1 200 元，企业管理部门耗用 800 元。

（三）要求：根据上述经济业务编制会计分录（或记账凭证）。

实训二

（一）目的：练习生产过程业务的核算。

（二）资料：光华公司某年 5 月发生下列经济业务：

1. 31 日，计提本月固定资产折旧 10 000 元，其中，生产车间应计提固定资产折旧 6 150 元，企业行政管理部门应计提固定资产折旧 3 850 元。

2. 31 日，将本月发生的制造费用在甲、乙产品之间按生产工时比例进行分配：甲产品 5 500 工时，乙产品 4 500 工时，并将分配结果填入制造费用分配表，转入生产成本账户（制造费用含实训一的发生额）。

3. 31 日，结转本月完工产品的生产成本，各产品入库数量及实际成本资料，如表 6－3 所示。

表 6－3

产品名称	数量	单位成本	总成本
甲产品	400 台	500 元/台	200 000 元
乙产品	200 件	400 元/件	80 000 元

（三）要求：

1. 根据以上资料编制会计分录（或记账凭证）。

2. 根据实训一、实训二的有关分录分别登记“生产成本”明细分类账。

3. 计算月末在产品成本。

实训三

（一）目的：练习生产过程的业务核算和产品生产成本的计算。

（二）资料：

1. 华通公司某年 4 月 1 日“生产成本——甲产品”的明细账余额 23 000 元，其中直接材料 14 000 元，直接人工 6 000 元，制造费用 3 000 元；“生产成本——乙产品”的明细账余额 35 000 元，其中直接材料 22 000 元，直接人工 5 000 元，制造费用 8 000 元。

2. 华通公司该年 4 月发生下列部分经济业务：

（1）4 日，经批准从银行借入为期 6 个月的短期借款 100 000 元。

（2）9 日，以银行存款支付本月份水电费 10 000 元（由管理部门承担），增值税进项税 1 600 元。

（3）11 日，以银行存款支付银行承兑手续费 300 元。

（4）17 日，从银行提取现金 40 000 元，备发工资。

（5）13 日，以现金发放本月职工工资 40 000 元。

（6）15 日，采购员李光借支差旅费 5 000 元，以现金支付。

（7）20 日，采购员李光回厂报销差旅费 4 900 元，退回现金 100 元。

（8）30 日，汇总本月仓库发出材料，如表 6－4 所示。

表 6－4

用　途	A 材料		B 材料		合计（元）
	数量（千克）	金额（元）	数量（千克）	金额（元）	
生产甲产品领用	4 800	96 000	400	64 000	160 000
生产乙产品领用	500	10 000	200	32 000	42 000
车间一般耗用			20	3 200	3 200
行政部门维修耗用	1 000	2 000			2 000
合计	6 300	108 000	620	99 200	207 200

（9）30 日，计提本月固定资产折旧 24 000 元，其中，生产车间固定资产折旧 16 000 元，企业行政管理部门固定资产折旧 8 000 元。

（10）30 日，预提本月份应负担的短期借款利息 500 元。

（11）30 日，以银行存款支付生产车间劳动保护费 2 000 元。

（12）30 日，结转本月份应付职工工资 40 000 元，其中，甲产品生产工人工资 22 000 元，乙产品生产工人工资 10 000 元，车间管理人员工资 5 000 元，企业行政管理人员工资 3 000 元。

（13）30 日，按应付职工薪酬的 32% 提取社会保险费和按 10% 计提住房公积金。

（14）30 日，根据“制造费用明细账”，如表 6－5 所示，归集制造费用，并编制“制造费用分配表”，如单据 6－1 所示，分配结转本月制造费用，制造费用按甲、乙产品生产工时比例分配，其中，甲产品生产工时为 6 000 小时，乙产品生产工时为 4 000 小时。

（15）30 日，根据“生产成本明细账”如表 6－6 和表 6－7 所示，并编制“完工产品成本计算单”，如单据 6－2 所示，结转本月完工入库产品制造成本：甲产品 800 台全部完工；乙产品全部未完工。

（三）要求：

1. 根据上述经济业务编制会计分录（或记账凭证）。

2. 开设并登记“制造费用明细分类”账户，并编制“制造费用分配表”（见单据 6－1）。

3. 开设并登记“生产成本明细分类”账户（见表 6－6 和表 6－7），并编制“完工产品成本计算单”（见单据 6－2）。

表 6－5

制造费用明细账

生产车间名称：

年		凭证号数	摘要	职工薪酬费用	社会保险费	住房公积金	折旧费	办公费	其他	合计
月	日									

单据 6－1

制造费用分配表

年　月　日

单位：元

产品名称、项目	分配标准	分配率	分配金额

会计主管：　　　　复核：　　　　制单：

表 6－6

生产成本明细账

产品名称：

年		凭证号数	摘要	直接材料	直接人工	制造费用	合计
月	日						

表 6－7

生产成本明细账

产品名称：

年		凭证号数	摘要	直接材料	直接人工	制造费用	合计
月	日						

单据 6－2

完工产品成本计算单

年　月　日

项目	甲产品（完工　　台）		乙产品（完工　　台）	
	总成本	单位成本	总成本	单位成本

会计主管：　　　　复核：　　　　制单：

实训四

（一）目的：练习制造业生产过程核算和产品制造成本的计算。

（二）资料：振兴公司某年 8 月发生下列部分经济业务：

1. 生产车间从仓库领用各种原材料进行产品生产，用于生产 A 产品的甲材料 1 500 千克，单价 125 元/千克；乙材料 1 000 千克，单价 155 元/千克；用于生产 B 产品的甲材料 1 200 千克，单价 125 元/千克；乙材料 800 千克，单价 155 元/千克。

2. 结转本月份应付职工工资，按用途归集如下：A 产品生产工人工资 60 000 元，B 产品生产工人工资 40 000 元，车间管理人员工资 30 000 元，企业管理部门职工工资 20 000 元。

3. 按规定根据工资总额的 32% 提取社会保险费，按 10% 计提住房公积金。

4. 计提本月固定资产折旧 12 000 元，其中，车间用固定资产折旧 8 000 元，行政管理部门用固定资产折旧 4 000 元。

5. 以银行存款支付车间机器设备修理费 3 000 元，增值税 390 元。

6. 车间报销办公费及其他零星支出 6 000 元，增值税 780 元，以现金支付。

7. 车间管理人员出差归来报销差旅费 4 860 元，原借款 5 000 元，余额交回现金。

8. 登记“制造费用明细账”，如表 6 – 8 所示，归集发生的制造费用总额，并编制“制造费用分配表”如单据 6 – 3 所示，制造费用按 A、B 两种产品生产工人工资的比例分配。

9. 开设并登记“生产成本明细账”，如表 6 – 9 和表 6 – 10 所示，并编制“完工产品成本计算单”，如单据 6 – 4 所示，计算本月份 A、B 两种产品的生产成本，本月生产 A 产品 80 件，B 产品 100 件，均已全部制造完成，并已验收入库，按其实际成本入账。

（三）要求：

1. 根据上述经济业务编制会计分录（或记账凭证）。

2. 开设并登记“制造费用明细分类”账户，并编制“制造费用分配表”（见单据 6 – 3）。

3. 开设并登记“生产成本明细分类”账户，并编制“完工产品成本计算单”（见单据 6 – 4）。

表 6 – 8 制造费用明细账

生产车间名称：

年		凭证号数	摘要	职工薪酬费用	社会保险费	住房公积金	折旧费	办公费	其他	合计
月	日									

单据 6－3

制造费用分配表

年　月　日　　　　单位：元

产品名称、项目	分配标准	分配率	分配金额

会计主管：　　　　复核：　　　　制单：

表 6－9

生产成本明细账

产品名称：

年		凭证号数	摘要	直接材料	直接人工	制造费用	合计
月	日						

表 6－10

生产成本明细账

产品名称：

年		凭证号数	摘要	直接材料	直接人工	制造费用	合计
月	日						

单据 6－4

完工产品成本计算单

年　月　日

项目	A产品（完工　　台）		B产品（完工　　台）	
	总成本	单位成本	总成本	单位成本

会计主管：　　　　复核：　　　　制单：

模块四　销售过程业务的核算

一、单项选择题

1. “应收账款”账户的期末借方余额反映的是（　　）。

A. 收回的应收账款　　B. 尚未收回的应收账款

C. 已确认坏账损失的应收账款　　D. 企业销售商品、提供劳务等发生的应收账款

2. 关于“主营业务收入”账户，下列说法错误的是（　　）。

A. 按照主营业务的种类设置明细账户

B. 贷方登记企业实现的主营业务收入

C. 期末有贷方余额

D. 期末将本账户余额结转至“本年利润”账户

3. 下列会计处理中，应计入主营业务成本的是（　　）。

A. 出租无形资产的摊销额　　B. 出租固定资产的折旧额

C. 工业企业销售自产商品所发生的成本　　D. 投资性房地产每月计提的折旧

4. 20××年某生产企业销售商品一批，售价 1 000 万元（不含增值税），成本为 700 万元，销售原材料一批，售价 500 万元（不含增值税），成本为 250 万元，该企业应确认的主营业务成本为（　　）万元。

A. 1 200　　B. 700

C. 500　　D. 250

5. 企业销售产品时，以银行存款代购货方垫付包装费、运杂费时，应借记的账户是（　　）。

A. 银行存款　　B. 其他应收款

C. 销售费用　　D. 应收账款

6. 支付产品广告费时，应借记的账户是（　　）。

A. 管理费用　　B. 财务费用

C. 销售费用　　D. 制造费用

二、多项选择题

1. 按现行制度规定，需要通过“应收票据”账户核算的票据包括（　　）。

A. 银行汇票　　B. 银行本票

C. 商业承兑汇票　　D. 银行承兑汇票

2. 以下选项中，应计入主营业务成本的有（　　）。

A. 暴雨导致商品毁损的成本　　B. 非流动资产处置损失

C. 工业企业销售自产产品的成本　　D. 服务企业提供劳务所发生的成本

3. 工业企业发生的下列各项业务中，取得的收入应通过“其他业务收入”核算的有（　　）。

A. 销售原材料　　B. 出售固定资产

C. 出租无形资产　　D. 销售商品

三、判断题

1. 主营业务成本期末应转入“本年利润”账户，结转后本账户无余额。（　　）

2. 产品的销售成本就是已销产品的成本。（　　）

3. “主营业务成本”对应的借方账户是“库存商品”。（　　）

4. 不单独设置“预收账款”账户的企业，预收的账款可以在“应付账款”账户核算。（　　）

5. “预收账款”属于负债类账户。（　　）

四、讨论题

1. 销售过程的核算主要包括哪两方面的核算？

2. 销售过程中包括哪些结算方式？

3. 在销售过程的核算中，如何做到“坚持准则，守责敬业”？

五、业务实训题

实训一

（一）目的：练习销售过程业务的核算。

（二）资料：黄河工厂某年 12 月发生以下部分经济业务：

1. 售给伟达公司甲产品 800 台，每台售价 200 元，货款 160 000 元，增值税率 13%，当即收到，存入银行存款户。

2. 收到上月应收伟达公司货款 70 200 元，存入银行存款户。

3. 售给利达公司甲产品 400 台，每台不含税售价 200 元；乙产品 800 件，每件不含税售价 150 元，甲乙产品增值税率均为 13%；已收到款项 190 000 元，存入银行，其余暂欠。

4. 以银行存款支付广告费 30 000 元，增值税率 6%，价税合计 31 800 元。

5. 销售 B 材料 8 000 千克，每千克不含税售价 7 元，货款 56 000 元，增值税率 13%，已收到存入银行。

6. 收到利达公司前欠货款 44 000 元，存入银行存款户。

7. 结转本月已售产品的生产成本，甲产品每台成本 100 元，乙产品每台成本 70 元。

8. 结转本月销售 B 材料的成本 40 000 元。

（三）要求：

1. 根据以上资料编制相应的会计分录（或记账凭证）。

2. 开设“主营业务收入”“主营业务成本”总分类账户（“T”型账户），如图 6－1 所示，并根据有关会计分录（或记账凭证）登记本期发生额。

主营业务收入　　　　主营业务成本

图 6－1

实训二

（一）目的：练习销售过程的核算。

（二）资料：东华公司某年7月发生下列部分经济业务：

1. 5日，向甲公司出售A产品1 000件，每件不含税售价120元，增值税率13%，货款已收到，存入银行。

2. 8日，向乙公司出售B产品600件，每件不含税售价300元，增值税率13%，货款尚未收到。

3. 8日，按出售A、B两种产品的实际成本转账（A产品每件90元，B产品每件230元）。

4. 8日，以银行存款支付上述A、B两种产品在销售过程中的运输费16 000元，增值税率9%，包装费4 000元，运输费和包装费均由本企业负担。

5. 20日，结算本月份销售机构职工工资20 000元，并按工资总额的32%计提社会保险费和10%计提住房公积金。

6. 22日，向丙公司出售甲材料2 000千克，每千克售价24元，货款已收到，增值税率13%，存入银行。

7. 22日，按出售的甲材料的实际成本转账（每千克20元）。

（三）要求：根据上述经济业务编制会计分录（或记账凭证）。

模块五　对外投资业务的核算

一、单项选择题

1. 企业将款项存入证券公司，准备购买股票，应借记的账户是（　　）。

A. 其他应收款　　B. 其他货币资金

C. 银行存款　　D. 其他应付款

2. 20××年1月1日，甲公司从证券公司购入股票20万股，每股10元，作为交易性金融资产核算，下列账务处理正确的是（　　）。

A. 借：交易性金融资产　　2 000 000
　　贷：其他货币资金　　2 000 000

B. 借：交易性金融资产　　2 000 000
　　贷：银行存款　　2 000 000

C. 借：其他货币资金　　2 000 000
　　贷：银行存款　　2 000 000

D. 借：银行存款　　2 000 000
　　贷：其他货币资金　　2 000 000

3. 按账户的性质分类时，“交易性金融资产”账户属于（　　）。

A. 资产　　B. 负债
C. 所有者权益　　D. 成本

二、多项选择题

1. 企业购入股票，作为交易性金融资产核算时，涉及的账户有（　　）。

A. 交易性金融资产　　B. 实收资本
C. 其他货币资金　　D. 其他应收款

2. 持有作为交易性金融资产的债券投资，当公司收到债券利息时，可能涉及的账户有（　　）。

A. 其他货币资金　　B. 投资收益
C. 交易性金融资产　　D. 管理费用

3. 关于“投资收益”账户的表述，正确的有（　　）。

A. 是损益类账户　　B. 是所有者权益类账户
C. 期末无余额　　D. 期末余额在贷方

三、判断题

1. 企业为了购买股票，存入证券公司的款项，应作为“其他应收款”处理。（　　）
2. 交易性金融资产属于企业的流动资产。（　　）
3. 其他货币资金也是企业货币资金的一部分，可以用来办理企业所有款项的转账结算。（　　）

四、讨论题

1. 什么是交易性金融资产？
2. 交易性金融资产有哪些特点？

五、业务实训题

（一）目的：练习对外投资业务的核算。

（二）资料：新华公司某年 11 月发生了下列部分经济业务：

1. 3 日，企业将 100 000 元存入证券公司，准备购买股票。

2. 5 日，以其他货币资金购买 A 公司股票 50 000 股，每股 2 元作为交易性金融资产。

3. 31 日，收到购买债券作为交易性金融资产的债券利息收入 3 000 元。

（三）要求：根据上述经济业务编制会计分录（或记账凭证）。

模块六　营业外收支业务的核算

一、单项选择题

1. 用于核算企业发生的与其生产经营无直接关系的各项支出的账户是（　　）。

A. 主营业成本　　B. 其他业务成本

C. 营业外支出　　D. 应付账款

2. 某企业接受捐赠 10 000 元，存入银行，正确的会计分录为（　　）。

A. 借：银行存款　10 000
　　贷：资本公积　10 000

B. 借：银行存款　10 000
　　贷：其他业务收入　10 000

C. 借：银行存款　10 000
　　贷：营业外收入　10 000

D. 借：其他货币资金　10 000
　　贷：营业外收入　10 000

3. 因火灾造成的库存原材料的净损失，应记入的账户是（　　）。

A. 营业外支出　　B. 管理费用

C. 制造费用　　D. 投资损失

二、多项选择题

1. 下列各项中，属于营业外支出核算内容的有（　　）。

A. 因水灾造成原材料的净损失　　B. 支付合同违约金

C. 支付税收的滞纳金　　D. 捐赠给希望工程的款项

2. 企业发生的下列事项中，应作为营业外收入核算的有（　　）。

A. 接受某个人捐赠款项　　B. 接受某企业投资款项

C. 出售原材料收入　　D. 职工违反操作规程的罚款收入

3. 下列各账户中，期末无余额的账户有（　　）。

A. 交易性金融资产　　B. 投资收益

C. 营业外收入　　D. 营业外支出

三、判断题

1. 企业非日常活动形成的经济利益的流出不能确认为费用，而应当记为损失。（　　）
2. 企业出租无形资产取得的收益，应作为营业外收入。（　　）
3. “营业外收入”账户借方登记增加额，贷方登记减少额，期末无余额。（　　）
4. “营业外收入”和“营业外支出”账户都属于损益类账户，期末都没有余额。（　　）

四、讨论题

1. 举例说明哪些利得计入营业外收入。
2. 举例说明哪些损失计入营业外支出。

五、业务实训题

（一）目的：练习营业外收支业务的核算。
（二）资料：光明企业某年 7 月发生下列部分经济业务：
1. 5 日，取得职工违约罚款收入 6 000 元，存入银行。
2. 8 日，以银行存款支付合同违约罚款 8 000 元。
3. 12 日，将确实无法支付的应付账款 20 000 元转作营业外收入。
4. 15 日，用银行存款向灾区捐款 10 000 元。
（三）要求：根据上述经济业务编制会计分录（或记账凭证）。

项目七 *Project 7*

企业期末账项调账与财产清查

模块一　期末主要账项调整

一、单项选择题

1. 使有关会计期间收入和费用的确认更为合理的会计基础是（　　）。

A. 收付实现制　　B. 权责发生制

C. 实地盘存制　　D. 永续盘存制

2. 某企业20××年1月31日从银行取得期限为3个月，金额30 000元的短期借款，年利率为4%。该借款用于购买生产用原材料，则2月末计提借款利息时的账务处理为（　　）。

A. 借：制造费用　100
　　贷：应付利息　100

B. 借：生产成本　100
　　贷：应付利息　100

C. 借：财务费用　100
　　贷：短期借款　100

D. 借：财务费用　100
　　贷：应付利息　100

3. 企业1月发生下列支出：预付全年房屋租金36 000元，支付上年第四季度银行借款利息10 000元，用库存现金1 000元购买办公用品，计提本月应负担的银行存款利息5 000元。按权责发生制确认的1月费用为（　　）元。

A. 19 000　　B. 52 000

C. 9 000　　D. 450 000

4. 甲公司于8月临时租入一套设备用于生产产品，8月共支付8、9、10月三个月租金共计90 000元，对该项租金支出正确的处理是（　　）。

A. 全额计入8月的制造成本

B. 全额计入9月的制造成本

C. 全额计入10月的制造成本

D. 按一定的方法分摊计入8、9、10月的制造成本

二、多项选择题

1. 权责发生制下，应计入本期收入和费用的有（　　）。
A. 本期销售商品一批，并已收款
B. 本期预收客户购货款
C. 本期尚未支付的水电费
D. 本期预付下一季度的报刊费
2. 下列关于权责发生制的表述中，正确的是（　　）。
A. 权责发生制是以收入和费用是否归属本期为标准来确认本期的收入和费用的一种方法
B. 权责发生制要求，凡是不属于当期的收入和费用，即使款项已在当期收付，也不作为当期的收入和费用
C. 权责发生制要求，凡是本期收到的收入和付出的费用，不论是否属于本期，都应作为本期的收入和费用
D. 权责发生制要求，凡是当期已经实现的收入和已经发生或应当负担的费用，不论款项是否收付，都应当作为当期的收入和费用
3. 在“税金及附加”账户核算的税费有（　　）。
A. 增值税　　B. 城市维护建设税
C. 教育费附加　　D. 消费税
4. 关于“应付利息”账户，下列说法正确的是（　　）。
A. 贷方登记按照合同利率计算确定的应付未付利息
B. 借方登记归还的利息
C. 期末余额在贷方，反映企业应付未付的利息
D. 可按存款人或债权人进行明细核算

三、判断题

1. 我国《企业会计准则》规定，企业应当以权责发生制为基础进行会计确认、计量和报告。（　　）
2. 短期借款的利息不可以预提，均应在实际支付时直接计入当期损益。（　　）
3. “短期借款”账户仅核算短期借款本金，不核算应支付的借款利息。（　　）
4. 权责发生制下，企业一定会计期间所形成的收入，可能在本期已经收到货币资金，也可能在本期尚未收到货币资金。（　　）
5. 甲企业于4月售出商品，7月才能收回货款，收付实现制基础下，甲企业4月没有收到现金，就不确认收入。（　　）
6. 权责发生制是以收到或支付现金作为确认收入和费用的标准。（　　）

四、讨论题

1. 什么是权责发生制？举例说明。
2. 什么是收付实现制？举例说明。
3. 简述期末账项调整的意义。

五、业务实训题

（一）目的：练习企业期末主要账项调整的核算。

（二）资料：华通公司该年7月发生下列经济业务：

1. 1日，从银行借入200 000元，期限3个月，年利率9%，到期一次还本付息。
2. 1日，一次预收下半年出租房屋租金收入60 000元，存入银行，增值税率9%。
3. 10日，销售商品一批，价款70 000元，增值税9 100元，款项尚未收到。
4. 31日，计提本月短期借款利息。
5. 31日，按本月销售商品收入的5%计算结转应交的消费税，并按应交消费税的7%、3%计算应交城市维护建设税和教育费附加。

模块二　财产清查前的准备工作

一、单项选择题

1. 全面清查和局部清查的划分标准是（　　）。
A. 范围　　B. 时间
C. 方法　　D. 性质
2. 出纳员工作调整时，对其保管的库存现金进行清查是（　　）。
A. 全面清查和定期清查　　B. 局部清查和不定期清查
C. 全面清查和不定期清查　　D. 局部清查和定期清查
3. 按照预先安排的时间对财产进行的盘点和核对是（　　）。
A. 定期清查　　B. 全面清查
C. 局部清查　　D. 不定期清查
4. 关于实地盘存制日常管理的表述正确的是（　　）。
A. 先登记发出数，再登记收入数　　B. 先登记收入数，再登记发出数
C. 只登记发出数，不登记收入数　　D. 只登记收入数，不登记发出数
5. 实地盘存制与永续盘存制的主要区别是（　　）。
A. 方法不同　　B. 目的不同
C. 工具不同　　D. 盘亏结果的处理不同

二、多项选择题

1. 下列情况适合全面清查的是（　　）。
A. 年终决算前
B. 企业合并、撤销或改变隶属关系前
C. 开展全面的资产评估、清产核资前
D. 单位主要领导调离工作前
2. 下列属于财产清查正确分类方法的有（　　）。
A. 全面清查和定期清查　　B. 定期清查和局部清查
C. 全面清查和局部清查　　D. 定期清查和不定期清查
3. 下列事项中的财产清查属于外部清查的情况有（　　）。
A. 更换出纳时交接手续中的清点库存现金
B. 企业主要领导离任时上级主管部门的清查
C. 发生自然灾害后对受损财产物资的清查

D. 企业进行清产核资时的注册会计师审计清查

4. 下列属于财产清查一般程序的有（　　）。

A. 组织清查人员学习有关政策规定

B. 确定清查对象、范围，明确清查任务

C. 制定清查方案

D. 填制盘存清单和清查结果报告表

5. 下列各项中，需要对财产物资进行不定期局部清查的有（　　）。

A. 财产、库存现金保管人员更换时　　B. 企业改变隶属关系时

C. 发生自然灾害和意外损失时　　D. 企业进行清产核资时

6. 下列说法正确的是（　　）。

A. 对于库存现金，每日终了，应由出纳人员进行清点核对

B. 对于银行存款，企业至少每月同银行进行清查盘点

C. 对于贵重财产物资，每月都要进行清查盘点

D. 对债权、债务，企业应每年同至少债权人、债务人核对一至两次

三、判断题

1. 企业应当定期将会计账簿与实物、款项及有关资料进行核对，保证账簿记录与实物及款项的实有数相符。（　　）

2. 盘存单需经盘点人和实物保管人员共同签章方有效。（　　）

3. 对于露天堆放的煤炭等实物资产应采用技术推算法清查。（　　）

4. “盘存单”是实物清查结果的书面证明。它反映的是财产物资的实存数，但不是调整账簿记录的直接依据。（　　）

5. 财产局部清查的特点是范围广、内容多、时间短、参与人员少、专业性强。（　　）

6. 定期财产清查一般是在年末进行。（　　）

四、讨论题

1. 试谈永续盘存制和实地盘存制的区别与联系。

2. 简述财产清查的一般程序。

模块三　清查库存现金

一、单项选择题

1. 库存现金盘亏，能确定责任人并由过失人赔偿的部分，经批准后计入（　　）。

A. 财务费用　　B. 营业外支出

C. 其他应收款　　D. 管理费用

2. 下列资产中，应每日清点一次的是（　　）。

A. 银行存款　　B. 贵重物品

C. 库存现金　　D. 应收账款

3. 库存现金清查的结果，应及时填制（　　）。

A. 现金盘点报告表　　B. 对账单

C. 盘存单　　D. 账存实存对比表

4. 当发现无法查明原因的现金溢余时，经批准后，借记（　　）。

A. 待处理财产损溢　　B. 营业外收入

C. 其他应收款　　D. 管理费用

5. 库存现金出现短款，批准处理前，应借记的账户是（　　）。

A. 其他应收款　　B. 待处理财产损溢

C. 库存现金　　D. 其他收益

二、多项选择题

1. 关于库存现金的清查，下列说法正确的是（　　）。

A. 应每日清点一次

B. 采用实地盘点法

C. 编制库存现金盘点报告表，但无须登记入账

D. 库存现金盘点报告表需要盘点人或出纳人员一方签字盖章

2. 对库存现金进行盘点的说法正确的是（　　）。

A. 清查现金实有数与日记账余额核对

B. 盘点结果填写“库存现金盘点报告表”

C. 出纳人员和盘点人员均在场

D. 检查现金的限额及白条抵库情况

3. 企业清查中发现的现金短款，经批准后可能涉及的会计账户有（　　）。

A. 待处理财产损溢　　B. 营业外支出

C. 其他应收款　　　　D. 管理费用

4. 企业清查中发现的现金短款，在审批前可能涉及的会计账户有（　　）。

A. 待处理财产损溢　　　　B. 营业外支出

C. 库存现金　　　　D. 管理费用

5. 关于库存现金的清查，下列说法正确的是（　　）。

A. 库存现金应该每日清点一次

B. 库存现金应该采用实地盘点法

C. 要根据盘点结果编制“库存现金盘点报告表”，但不能据此进行账务处理

D. “库存现金盘点报告表”需要盘点人或出纳人员一方签字盖章

三、判断题

1. 进行库存现金盘点时，出纳人员可以在场也可以不在场。（　　）
2. 企业盘盈的现金经批准应作为“其他业务收入”。（　　）
3. 由财产清查小组对库存现金进行定期或不定期清查是专门清查。（　　）
4. 企业盘盈、盘亏的库存现金均应通过“待处理财产损溢”账户核算。（　　）

四、讨论题

1. 库存现金的日常清查应由谁来完成？
2. 简述库存现金盘盈的账务处理。
3. 简述库存现金盘亏的账务处理。
4. 在库存现金清查中，如何做到“坚持诚信，守法奉公”？

模块四　清查银行存款

一、单项选择题

1. 对银行存款清查应采用的方法是（　　）。

A. 定期盘点法　　B. 与银行核对账目的方法

C. 实地盘点法　　D. 技术分析法

2. 甲公司银行存款日记账的余额为 100 万元，经核对存在以下未达账项，银行已收企业未收 5 万元；银行已付企业未付 2 万元。调节后的银行存款日记账余额是（　　）万元。

A. 107　　B. 93

C. 103　　D. 97

3. 甲企业 12 月 31 日银行存款日记账的余额 150 000 元，经逐笔核对未达账项如下：银行已收企业未收 92 000 元，银行已付企业未付 2 000 元，企业银行存款余额为（　　）元。

A. 60 000　　B. 56 000

C. 240 000　　D. 244 000

4. 企业银行存款日记账与开户行提供的对账单核对，是通过编制“银行存款余额调节表”进行的。假如双方的账簿记录都没有发生差错，则调整后的企业存款余额与银行对账单余额的关系是（　　）。

A. 企业存款余额一般应该小于银行对账单余额

B. 双方不可能相等

C. 双方应该相等

D. 企业存款余额一般应该大于银行对账单余额

5. 若某企业期末银行存款日记账余额 80 000 元，银行送来的对账单余额 82 425 元，经对未达账项调节后的余额为 83 925 元，则企业在银行的实有存款数是（　　）元。

A. 83 925　　B. 24 250

C. 80 000　　D. 82 425

6. “银行存款余额调节表”中调节后的余额是（　　）。

A. 银行存款账面余额

B. 对账单余额与日记账余额的平均数

C. 对账日企业可以动用的银行存款实有数额

D. 银行方面的账面余额

7. 下列说法中，不正确的是（　　）。

A. 未达账项不是错账、漏账

B. 未达账项应在“银行存款余额调节表”中进行调节

C. “银行存款余额调节表”不能作为进行账务处理的依据
D. 对未达账项调节后，银行存款日记账余额与银行对账单余额一定会一致

二、多项选择题

1. 下列款项中，属于未达账项的有（　　）。
A. 企业已收款记账，银行未收款未记账
B. 企业已付款记账，银行未付款未记账
C. 银行已收款记账，企业未收款未记账
D. 银行已付款记账，企业未付款未记账
2. 企业银行存款日记账与银行对账单余额不一致的原因有（　　）。
A. 未达账项　　B. 应收账款
C. 应付账款　　D. 企业或银行发生账目错误
3. 编制“银行存款余额调节表”时，应调整银行对账单余额的业务有（　　）。
A. 企业已收，银行未收　　B. 企业已付，银行未付
C. 银行已收，企业未收　　D. 银行已付，企业未付
4. 银行存款日记账余额与银行对账单余额不一致，原因可能有（　　）。
A. 银行存款日记账记账有误　　B. 银行记账有误
C. 存在未达账项　　D. 存在企业与银行均未付的款项
5. 下列未达账项中，会使本企业“银行存款日记账余额”大于“银行对账单余额”的有（　　）。
A. 企业已收、银行未收款　　B. 银行已收、企业未收款
C. 银行已付、企业未付款　　D. 企业已付、银行未付款

三、判断题

1. 企业银行存款的实有数为银行对账单上列明的余额。（　　）
2. “银行存款余额调节表”可以作为未达账项的登记依据。（　　）
3. 对于发生的未达账项，要根据“银行存款余额调节表”及时进行有关账务处理。（　　）
4. 月末，企业银行存款的实有余额为银行对账单余额加上企业已收、银行未收的款项减去企业已付、银行未付的款项。（　　）
5. 经“银行存款余额调节表”调节后的银行存款余额，就是企业可以动用的银行存款实有数，因此企业应根据“银行存款余额调节表”登记企业银行存款日记账，调整企业银行存款日记账账面余额。（　　）

四、讨论题

1. 银行存款清查过程中，账实核对中的“账”和“实”分别是什么？

2. 什么是未达账项？未达账项有哪些？
3. 在银行存款清查中，如何做到“坚持诚信，守法奉公”？

五、业务实训题

（一）目的：练习银行存款日记账的登记及银行存款余额调节表的编制。
（二）资料：
1. 江河公司20××年11月28日银行存款日记账余额为267 800元。
2. 该公司11月末发生经济业务如下：
（1）29日，签发“现金支票”（0156号），提取现金8 000元备用。
（2）29日，签发“转账支票”（0678号），支付前欠甲单位货款68 600元。
（3）29日，收到“网上银行”收账通知单（1368号），甲企业投资转入款项200 000元。
（4）29日，签发“转账支票”（0679号），购买办公用品价税合计2 260元。
（5）30日，采购员张宇出差借差旅费5 000元，签发“现金支票”（0157号）付讫。
（6）30日，收到乙企业交来的“银行汇票”一张，偿还前欠货款33 900元，填写“进账单”（0310号），送存银行。
（7）30日，购进材料一批，进价6 000元，增值税额780元，开出“转账支票”（0680号）一张支付。
3. 银行转来该公司的“银行对账单”，如表7－1所示。

表7－1　　**银行对账单**

20××年		摘要	结算凭证		借方	贷方	余额
月	日		种类	号码			
11		承上页					267 800.00
	29	提现备用	现支	0156	8 000.00		259 800.00
	29	付前欠甲单位货款	转支	0678	68 600.00		191 200.00
	29	收到投资款	网银	1368		200 000.00	391 200.00
	29	购买办公用品	转支	0679	2 260.00		388 940.00
	30	付预借差旅费	现支	0157	5 000.00		383 940.00
	30	送存汇票	进账单	0310		33 900.00	417 840.00
	30	委托收款划回	委收	0875		4 900.00	422 740.00

续表

20××年		摘要	结算凭证		借方	贷方	余额
月	日		种类	号码			
	30	支付水电费	委收	0532	5 800.00		416 940.00
	30	支付利息	通知单	1891	2 960.00		413 980.00
	30	托收款划回	委收	0767		4 890.00	418 870.00

（三）要求：

1. 根据资料 1，开设银行存款日记账（见表 7－2），并登记期初余额。
2. 根据资料 2，编制会计分录，并登记银行存款日记账。
3. 进行核对，并编制“银行存款余额调节表”（见表 7－3）。

表 7－2 银行存款日记账

20××年		凭证		摘要	结算凭证		借方	贷方	余额
月	日	种类			种类	号码			
11	28								

表 7－3 银行存款余额调节表

项目	金额	项目	金额
银行对账单余额		银行存款日记账余额	
加：		加：	
减：		减：	
调整后余额		调整后余额	

2. 什么是未达账项？未达账项有哪些？

模块五　清查实物资产

一、单项选择题

1. 财产清查中发现一台账外机器，市场价格为 10 000 元，预计 8 成新，则该机器的入账价值为（　　）元。

A. 10 000　　B. 2 000
C. 8 000　　D. 12 000

2. 对实物资产进行清查盘点时，下列各项中，属于必须在场的人员是（　　）。

A. 单位领导　　B. 实物保管员
C. 记账人员　　D. 会计主管

3. 企业在财产清查过程中盘亏固定资产时的账务处理涉及的账户不可能是（　　）。

A. 待处理财产损溢　　B. 固定资产
C. 以前年度损益调整　　D. 累计折旧

4. 库存商品盘点时发现短缺，下列关于应借记会计账户的表述中，正确的是（　　）。

A. 待处理财产损溢　　B. 库存商品
C. 其他应收款　　D. 管理费用

5. 下列记录可以作为调整账面数字原始凭证的是（　　）。

A. 盘存单　　B. 实存账存对比表
C. 银行存款余额调节表　　D. 往来款项对账单

6. 财产清查中盘盈存货一批，价值 2 000 元，批准后应转入（　　）。

A. 营业外收入　　B. 其他业务收入
C. 冲减管理费用　　D. 主营业务收入

二、多项选择题

1. 下列各项财产损溢情况，经批准后在账务处理时可增减“管理费用”的有（　　）。

A. 存货盘盈　　B. 无法查明原因的现金丢失
C. 材料自然损耗　　D. 固定资产丢失

2. 下列各项中，可以作为调整账簿记录的直接依据是（　　）。

A. 现金盘点报告表　　B. 盘存单
C. 实存账存对比表　　D. 银行存款余额调节表

3. 下列资产中，需要从数量和质量两个方面进行清查的有（　　）。

A. 货币资金　　B. 原材料

C. 产成品　　D. 应收账款

4. “待处理财产损溢”账户借方核算（　　）。

A. 财产物资的盘亏、毁损数

B. 财产物资的盘盈额

C. 转销已处理财产物资的盘亏、毁损额

D. 转销已处理财产物资的盘盈数

5. 下列属于实物资产清查方法的有（　　）。

A. 永续盘存制　　B. 实地盘点法

C. 技术推算法　　D. 实地盘存制

6. 下列各项中，应采用实地盘点法进行清查的有（　　）。

A. 固定资产　　B. 库存商品

C. 银行存款　　D. 库存现金

三、判断题

1. 对于盘亏的存货，如属于自然溢余，经批准后应冲减“管理费用”。（　　）

2. “盘存单”需经盘点人和实物保管人共同签章方有效。（　　）

3. 存货的盘亏或毁损属于自然灾害造成的，其净损失应计入“管理费用”。（　　）

4. 盘盈的固定资产应该通过“待处理财产损溢”账户核算。（　　）

5. “盘存单”是实务清查结果的书面证明，反映财产物资的实存数，但不是调整账簿记录的直接依据。（　　）

6. 对于露天堆放的煤炭等实物资产应采用技术推算法清查。（　　）

四、讨论题

1. 固定资产盘盈盘亏如何进行账务处理？

2. 实物资产清查采用哪些财产清查方法？

3. 在实物资产的清查中如何做到“坚持诚信，守法奉公”？

五、业务实训题

实训一

（一）目的：练习库存现金与实物资产的财产清查。

（二）资料：正大公司8月发生如下经济业务：

1. 在库存现金的财产清查中，发现现金盘盈150元，无法查明原因。

2. 上述库存现金盘盈，经批准后，根据批准处理意见，100元为某一员工未领报销款，50元原因无法查明。

3. 在财产清查中，盘盈材料一批，按同类材料估价确定其成本为5 000元，原因待查。

4. 经批准后，冲减管理费用。

5. 盘亏库存商品40 000元，假定不考虑增值税因素。

6. 经调查盘亏的原材料，其中，34 000元属于非常损失，5 000元应由仓库保管员负责赔偿，1 000元属于自然损耗。

（三）要求：根据上述经济业务编制会计分录。

实训二

（一）目的：练习实物资产盘盈盘亏的核算。

（二）资料：佳和公司20××年12月31日对实物资产进行盘点，结果如下：

1. 对原材料进行盘点并填写“物资盘点表”，如表7－4所示。

表 7 – 4　　**物资盘点表**

20××年12月31日　　金额单位：元

名称	规格型号	计量单位	单价	账面数	实有数	盘盈数		盘亏数		盈亏原因及处理	备注
						数量	金额	数量	金额		
甲材料		千克	100 元/千克	2 750	2 770	20	200			收发计量差错	
乙材料		盒	200 元/盒	900	898			2	400	保管员责任	
合计							200		400		

部门主管：张力浩　　保管员：董余丽　　复查人：黄兰玉

2. 对固定资产进行盘点并填写“物资盘点表”，如表 7 – 5 所示。

表 7 – 5　　**物资盘点表**

使用部门：行政部门　　20××年12月31日

名称	规格型号	计量单位	原价（元）	已提折旧（元）	账面净值（元）	盘盈数		盘亏数		盈亏原因及处理	备注
						数量	金额	数量	金额		
空调		台	4 000	1 200	2 800			1		经批准作“营业外支出”处理	

部门主管：张力浩　　保管员：董余丽　　复查人：黄兰玉

（三）要求：根据上述盘点表，编制会计分录。

模块六　清查往来款项

一、单项选择题

1. 对往来款项进行清查应采用的方法是（　　）。
A. 技术推算法　　B. 与银行核对账目法
C. 实地盘点法　　D. 发函询证法
2. 下列各项中，属于对往来款项进行清查时应该采用的方法是（　　）。
A. 定期盘点法　　B. 实地盘点法
C. 与银行核对账目法　　D. 与往来单位核对账目法
3. 下列各项中，需要采用发函询证进行核对的是（　　）。
A. 库存现金　　B. 存货
C. 固定资产　　D. 往来款项

二、多项选择题

1. 下列各项中，属于往来款项的是（　　）。
A. 应收款项　　B. 应付款项
C. 预收款项　　D. 预付款项
2. 下列关于结算往来款项盘存的账户处理表述中，正确的有（　　）。
A. 对于无法收回的应收款项应作为坏账损失冲减坏账准备
B. 对于经查明确实无法支付的应付款项可按规定程序报经批准后，转作营业外收入
C. 企业对有确凿证据表明确实无法收回的应收款项，经批准后作为坏账损失
D. 对于已确认为坏账的应收款项，并不意味着企业放弃了追索权，一旦重新收回，应及时入账
3. 下列各项中，宜采用发函询证方法进行清查的有（　　）。
A. 应收账款　　B. 应付账款
C. 存货　　D. 预付账款

三、判断题

1. 对于无法收回的应收账款，作为坏账损失冲减坏账准备。（　　）
2. 在往来账项清查中，“往来账项清查报告单”可以作为调整账目的依据。（　　）
3. 由于债权人注销等原因无法支付的应付账款，经批准后应借记“应付账款”账户，

贷记“待处理财产损溢”账户。（　　）

4. 企业对有确凿证据表明确实无法收回的应收款项，经批准后作为坏账损失，放弃对该应收款项的追索权。（　　）

5. 往来款项清查中，根据对方单位核对盖章后退回的回单联编制的“往来款项清查报告单”，是企业会计人员据以调整账簿记录的原始凭证。（　　）

6. 企业对于与外部单位往来款项的清查，一般采取编制对账单寄送对方单位的方式进行，因此属于账账核对。（　　）

四、讨论题

1. 为什么要对往来款项进行清查？
2. 企业对经查明确实无法支付的应付款项如何处理？

项目八 *Project 8*

企业期末利润形成与分配的核算

模块一　月末利润形成业务的核算

一、单项选择题

1. 下列各项中，影响企业营业利润的是（　　）。

A. 捐赠给“希望工程”的款项　　B. 库存现金的盘盈收入

C. 支付广告费　　D. 支付违约金

2. 某企业12月，销售商品收入200万元，销售材料收入2万元，接受投资50万元，接受捐赠收入10万元，则该企业的营业收入是（　　）万元。

A. 200　　B. 202

C. 252　　D. 262

3. 下列各项中，与计算营业利润无关的因素是（　　）。

A. 所得税费用　　B. 销售费用

C. 管理费用　　D. 财务费用

4. 关于企业利润总额的构成，下列表述不正确的是（　　）。

A. 企业的利润总额由营业利润、投资收益和营业外收入三部分组成

B. 营业成本 = 主营业务成本 + 其他业务成本

C. 利润总额 = 营业利润 + 营业外收入 - 营业外支出

D. 净利润 = 利润总额 - 所得税费用

5. 关于“本年利润”账户，下列表述正确的是（　　）。

A. 借方登记转入的营业收入、营业外收入等金额

B. 贷方登记转入的营业成本、营业支出等金额

C. 年度终了结账后，该账户无余额

D. 全年的任何一个月末都不应有余额

6. 在借贷记账法下，“本年利润”账户的增加额登记的方向是（　　）。

A. 借方　　B. 贷方

C. 借方和贷方　　D. 借方或贷方

7. 按会计要素分类时，“本年利润”账户属于（　　）。

A. 资产类账户　　B. 所有者权益类账户

C. 成本类账户　　D. 损益类账户

8. 下列选项中，属于期间费用的是（　　）。

A. 制造费用　　B. 劳务成本

C. 主营业务成本　　D. 财务费用

9. 某企业全年实现的利润总额为300万元，假定无纳税调整项目，所得税率25%。则企业净利润为（　　）万元。

A. 300　　B. 75

C. 225　　D. 375

10. 某企业税前会计利润为2 000万元，其中，营业外收入80万元，假设不存在纳税调整事项，所得税税率25%，则应交所得税为（　　）万元。

A. 500　　B. 520

C. 480　　D. 510

11. 以银行存款缴纳所得税20 000元，应编制的正确的会计分录为（　　）。

A. 借：本年利润　　20 000

　　贷：所得税费用　　20 000

B. 借：所得税费用　　20 000

　　贷：本年利润　　20 000

C. 借：所得税费用　　20 000

　　贷：应交税费——应交所得税　　20 000

D. 借：应交税费——应交所得税　　20 000

　　贷：银行存款　　20 000

12. 某企业10月，主营业务收入1 000 000元，其他业务收入80 000元，营业外收入90 000元，主营业务成本760 000元，其他业务成本50 000元，税金及附加30 000元，营业外支出75 000元，管理费用40 000元，销售费用30 000元，财务费用15 000元，所得税费用75 000元，制造费用1 000元。则该企业10月的营业利润为（　　）元。

A. 170 000　　B. 155 000

C. 25 000　　D. 80 000

13. 下列各项中，影响企业营业利润的是（　　）。

A. 营业外收入　　B. 制造费用

C. 所得税费用　　D. 管理费用

二、多项选择题

1. 下列各项中，属于期间费用的有（　　）。

A. 财务费用　　B. 制造费用

C. 管理费用　　D. 销售费用

2. 下列各项中，影响企业营业利润的有（　　）。

A. 主营业务收入　　B. 税金及附加

C. 营业外收入　　D. 其他业务收入

3. 下列各项中，影响企业利润总额的有（　　）。

A. 营业外收入　　B. 投资收益

C. 所得税费用　　D. 营业外支出

4. 下列关于利润的表述中，正确的有（　　）。

A. 企业当期实现的净利润通过“本年利润”账户核算

B. 期末结转利润时，应将各损益类账户的金额转入“本年利润”账户，结平各损益类账户

C. 期末结转后“本年利润”账户的贷方余额为当期实现的净利润

D. 期末结转后“本年利润”账户的借方余额为当期发生的净亏损

5. 某企业20××年，营业利润3 200万元，营业外收入500万元，营业外支出100万元，无纳税调整项目，所得税率25%。关于该企业该年度有关指标的表述正确的有（　　）。

A. 利润总额3 600万元　　B. 利润总额3 700万元

C. 所得税费用925万元　　D. 所得税费用900万元

6. 下列选项中，构成利润总额的有（　　）。

A. 收入减去费用后的净额

B. 直接计入当期利润的利得和损失

C. 直接计入所有者权益的利得和损失

D. 所得税费用

7. 下列账户中，应于期末将发生额结转“本年利润”账户的有（　　）。

A. 制造费用　　B. 管理费用

C. 财务费用　　D. 其他业务成本

三、判断题

1. 净利润是指营业利润减去所得税费用后的金额。（　　）

2. 营业利润减去管理费用、销售费用、财务费用和所得税费用后得到净利润。（　　）

3. 企业当期实现的净利润通过“本年利润”账户核算，当期发生的净亏损不通过“本年利润”账户核算。（　　）

4. “本年利润”账户如果有借方余额，表示发生的亏损。（　　）

5. 企业非日常活动形成的经济利益的流出不能确认为费用，而应当记为损失。（　　）

6. 会计期末，将“所得税费用”账户结转“本年利润”账户后，该账户无余额。（　　）

7. 计提所得税属于企业利润分配的一项内容。（　　）

四、讨论题

1. 企业利润的构成分为哪三个层次？各层次的含义是什么？如何计算？

2. “本年利润”账户属于什么性质的账户？期末是否有余额？

3. 在利润形成的核算中，如何做到“坚持诚信，守法奉公”？

五、业务实训题

实训一

（一）目的：练习利润形成的计算与核算。

（二）资料：光明公司为增值税一般纳税人，所得税率25%，20××年10月31日，有关损益类账户余额，如表8－1所示。

表8－1 单位：元

项　目	金　额
主营业务收入	859 000（贷）
主营业务成本	586 000（借）
税金及附加	2 300（借）
销售费用	68 000（借）
其他业务收入	120 000（贷）
其他业务成本	90 000（借）
管理费用	82 000（借）
财务费用	26 000（借）
投资收益	60 000（贷）
营业外收入	4 100（贷）
营业外支出	5 200（借）

（三）要求：

1. 计算该公司10月营业收入、营业利润、利润总额、净利润。
2. 编制该公司结转利润总额的会计分录（或记账凭证）。
3. 编制应交所得税的会计分录（或记账凭证）。
4. 编制所得税费用转入本年利润的会计分录（或记账凭证）。

实训二

（一）目的：练习利润形成的计算与核算。

（二）资料：宏宇公司为增值税一般纳税人，所得税率25%，20××年11月29日，有关损益类账户余额如下。

1. 宏宇公司20××年11月29日，有关损益类账户余额，如表8－2所示。

表8－2　　单位：元

项目	金额
主营业务收入	780 000（贷）
主营业务成本	496 000（借）
销售费用	42 000（借）
其他业务收入	230 000（贷）
其他业务成本	160 000（借）
管理费用	57 000（借）
财务费用	36 000（借）
投资收益	80 000（贷）
营业外收入	3 500（贷）
营业外支出	6 200（借）

2. 该公司11月30日，发生如下经济业务：

（1）销售B商品100台，每台不含税售价800元，增值税税率为13%，该商品每台成本500元，收到转账支票一张，当即送存银行。

（2）本月应交增值税 80 000 元，分别按 7%、3% 计算本月应交城市维护建设税和教育费附加。

（3）经批准转销盘亏设备一台，账面原值 3 000 元，已提折旧 1 200 元。

（4）摊销无形资产 3 000 元。

（5）收到某职工交来违反规定的罚款 300 元，存入银行。

（6）转销因非常损失造成的原材料净损失 20 000 元。

（7）以银行存款支付未履行经济合同违约金 2 000 元。

（三）要求：

1. 根据资料 2 编制会计分录（或记账凭证）。

2. 计算该公司 11 月营业收入、营业利润、利润总额、净利润。

3. 编制该公司 11 月末结转本年利润的会计分录（或记账凭证）。

4. 编制企业应交所得税和结转所得税费用的会计分录（或记账凭证）。

模块二　年末利润分配的账务处理

一、单项选择题

1. 按照《公司法》的有关规定，公司应当按照当年净利润（抵减年初累计亏损后）的一定比例提取盈余公积，提取的比例是（　　）。

A. 10%　　B. 5%

C. 15%　　D. 20%

2. 按照《公司法》的有关规定，公司提取的法定盈余公积累计额超过注册资本一定比例以上时，可以不再提取，这个比例是（　　）。

A. 10%　　B. 50%

C. 15%　　D. 20%

3. “利润分配”账户的年末贷方余额表示（　　）。

A. 累计尚未分配的利润　　B. 本期发生的净亏损

C. 本期实现的净利润　　D. 累计尚未弥补的亏损

4. 利润分配结束后，利润分配总账所属的明细账中可能存在余额的是（　　）。

A. 提取盈余公积　　B. 其他转入

C. 应付利润　　D. 未分配利润

5. 某企业盈余公积年初余额为 50 万元，本年利润总额为 600 万元，所得税费用为 150 万元，按当年净利润的 10% 提取法定盈余公积，按当年净利润的 5% 提取任意盈余公积。该企业盈余公积年末余额为（　　）万元。

A. 50　　B. 5

C. 117.5　　D. 140

6. 会计期末，企业将净亏损额转入“利润分配”账户时，应借记的账户是（　　）。

A. 所得税费用　　B. 利润分配

C. 本年利润　　D. 营业外支出

7. 企业“盈余公积”期初余额为 170 万元，当年提取法定盈余公积 200 万元，任意盈余公积 150 万元，盈余公积转增资本 60 万元，该企业“盈余公积”的年末余额为（　　）万元。

A. 580　　B. 520

C. 460　　D. 350

8. 年终决算时，本年利润账户在结转前为贷方余额 65 550 元，则结转时应做的会计分录为（　　）。

A. 借：利润分配　　65 550
　　贷：本年利润　　65 550

B. 借：本年利润　　65 550
　　贷：利润分配　　65 550

C. 借：实收资本　　65 550
　　贷：利润分配　　65 550

D. 借：本年利润　　65 550
　　贷：实收资本　　65 550

9. 企业用盈余公积弥补亏损时，应贷记的账户是（　　）。

A. 盈余公积　　B. 资本公积

C. 本年利润　　D. 利润分配

二、多项选择题

1. 下列各项中，不会引起留存收益变动的有（　　）。

A. 盈余公积补亏　　B. 计提法定盈余公积

C. 盈余公积转增资本　　D. 计提任意盈余公积

2. 下列各项中，属于利润分配内容的有（　　）。

A. 弥补以前年度亏损　　B. 提取盈余公积

C. 提取资本公积　　D. 向投资者分配利润

3. 下列会计账户中，与“利润分配”账户借方发生对应关系的账户是（　　）。

A. “本年利润”　　B. “应付利润”

C. “盈余公积”　　D. “所得税费用”

4. 下列关于利润分配的核算表述正确的有（　　）。

A. 企业应设置“利润分配”账户，其贷方登记企业已分配的利润数额

B. 企业应设置“盈余公积”账户，其贷方登记提取的盈余公积数额

C.“应付股利”账户用来反映和监督企业向投资者支付股利情况，期末余额一般在贷方

D. 企业在向投资者分配利润后，剩余部分可以按规定提取盈余公积

5. 企业经股东大会批准，向投资者宣告分配现金股利 8 000 元（未实际发放），下列分录中不正确的有（　　）。

A. 借：本年利润　　8 000
　　贷：应付股利　　8 000

B. 借：应付股利　　8 000
　　贷：银行存款　　8 000

C. 借：利润分配——应付现金股利　　8 000
　　贷：应付股利　　8 000

D. 借：利润分配——应付现金股利　　8 000
　　贷：银行存款　　8 000

6. 关于“利润分配——未分配利润”账户的表述正确的有（　　）。

A. 期末余额表示本年净利润减去分配的利润

B. 期末贷方余额表示累计未分配利润

C. 期末借方余额表示本年超额分配的利润

D. 期末借方余额表示累计未弥补亏损

三、判断题

1. 不管可供分配利润是正数还是负数，都要进行后续分配。（　　）

2. “利润分配”的顺序是弥补亏损、提取法定盈余公积、提取任意盈余公积、向投资者分配利润。（　　）

3. 利润分配是企业根据国家有关规定和投资者协议、企业章程等，对企业当年可供分配的利润指定其特定用途和分配给投资者的行为。（　　）

4. 年末结账后，“利润分配”账户的各个明细账户均无余额。（　　）

5. 企业的盈余公积，可以用于弥补亏损，也可以用于转增资本，但不论用于弥补亏损还是用于转增资本，都不改变企业的所有者权益总额。（　　）

6. 向投资者分配利润，应借记“应付股利”账户。（　　）

7. 未分配利润有两层含义：一是留待以后年度分配的利润；二是未指定用途的利润。（　　）

四、讨论题

1. 试论企业利润分配的顺序及核算过程。
2. 试论“本年利润”与“利润分配”账户的区别。
3. 在年末利润分配核算中，如何做到“坚持诚信，守法奉公”？

五、业务实训题

实训一

（一）目的：练习利润分配的核算。
（二）资料：汇江公司20××年初“利润分配——未分配利润”账户余额为贷方120 000元。
1. 该年实现净利润300 000元，结转未分配利润账户。
2. 按净利润的10%提取法定盈余公积。
3. 按净利润的5%提取任意盈余公积。
4. 分配给普通股股东现金股利300 000元。
（三）要求：
1. 根据上述经济业务编制会计分录（或记账凭证）。
2. 计算公司年末未分配利润。

实训二

（一）目的：练习利润形成及年末利润分配的核算。

（二）资料：四通公司某年 12 月发生下列部分经济业务：

1. 4 日，收到上月应收北方公司欠款 39 000 元，存入银行存款户。

2. 8 日，售给金阳公司甲产品 400 台，每台售价 500 元，乙产品 500 件，每件售价 200 元，增值税率 13%，款项尚未收到。

3. 6 日，收到金阳公司本月 8 日购货欠款，存入银行。

4. 18 日，以银行存款支付广告费 5 000 元，增值税率 6%，价税合计 5 300 元。

5. 22 日，售给汇灵公司甲产品 200 台，每台售价 500 元，乙产品 200 件，每件售价 200 元，增值税率 13%，款项尚未收到。

6. 24 日，以银行存款 20 000 元，捐赠给希望工程。

7. 25 日，售给北方公司 A 材料 4 000 千克，每千克售价 5 元，增值税额 2 600 元；款项已收到存入银行。

8. 28 日，收到作为交易性金融资产投资的债券利息收入 50 000 元，存入证券专户。

9. 31 日，结转本月已销产品成本，其中，甲产品每台成本 250 元，乙产品每件成本 100 元。

10. 31 日，结转本月销售 A 材料成本，每千克 4 元。

11. 31 日，将本月收入、收益账户余额结转至“本年利润”账户。

12. 31 日，将本月有关成本费用账户余额结转至“本年利润”账户。

13. 31 日，按本月利润总额，计算应交所得税（税率 25%），并将“所得税费用”账户余额结转至“本年利润”账户。

14. 31 日，将本年实现的净利润（1～11 月实现净利润 50 000 元）转入“利润分配”账户。

15. 31 日，按本年税后利润的 10% 提取法定盈余公积。

16. 31 日，按规定计算应付给投资者利润 10 000 元。

（三）要求：

1. 根据上述业务编制会计分录。

2. 计算企业年末分配利润。

项目九 *Project 9*

编制财务会计报告

模块一 编制财务会计报告前的准备工作

一、单项选择题

1. 反映企业某一特定日期财务状况的财务会计报告是（　　）。

A. 资产负债表　　B. 现金流量表

C. 基本会计报表　　D. 基本会计报表及附表

2. 下列各个财务会计报告中，属于企业对外提供的静态报表是（　　）。

A. 利润表　　B. 所有者权益变动表

C. 现金流量表　　D. 资产负债表

3. 财务会计报告某项目的省略或错报会影响使用者据此作出经济决策的，是指该项目具有（　　）。

A. 一致性　　B. 重要性

C. 可比性　　D. 及时性

4. 下列财务会计报告中，可以反映企业短期偿债能力的是（　　）。

A. 利润分配表　　B. 现金流量表

C. 资产负债表　　D. 利润表

5. 下列各项中，属于对资产负债表、利润表、现金流量表和所有者权益变动表等报表中列示项目的文字描述或明细资料，以及对未能在这些报表中列示项目的说明的是（　　）。

A. 管理层讨论与分析　　B. 董事会报告

C. 财务情况说明书　　D. 附注

6. 下列有关财务会计报告的表述中，不正确的是（　　）。

A. 财务会计报告是对企业财务状况、经营成果和现金流量的结构性表述

B. 财务会计报告分为年度、半年度、季度和月度财务会计报告

C. 附注是财务会计报告的重要组成部分

D. 财务会计报告就是指会计报表

二、多项选择题

1. 下列属于中期财务会计报告的有（　　）。

A. 季报　　B. 半年报

C. 月报　　D. 年报

2. 按照财务会计报告编报主体的不同分类，下列符合该分类标准的有（　　）。

A. 合并财务会计报告　　B. 反映财务状况的报表

C. 个别财务会计报告　　D. 反映经营成果的报表

3. 下列各项中，属于企业应当在财务会计报告的显著位置至少披露的有（　　）。

A. 编报企业的名称

B. 人民币金额单位

C. 资产负债表日或财务会计报告涵盖的会计期间

D. 财务会计报告是合并财务会计报告的，应当予以表明

4. 下列各项中，属于编制财务会计报告之前需完成的任务有（　　）。

A. 检查相关的会计核算是否按照国家统一的会计制度的规定进行

B. 进行全面财产清查、核实债务，并按规定程序报批，进行相应的会计处理

C. 按规定的结账日进行结账，结出有关会计账簿的余额和发生额，并核对各会计账簿之间的余额

D. 检查是否存在因会计差错、会计政策变更等原因需要调整前期或本期相关项目的情况等

5. 中期财务会计报告至少应当包括（　　）。

A. 资产负债表　　B. 利润表

C. 现金流量表　　D. 所有者权益变动表

6. 下列属于财务会计报告可以反映的信息有（　　）。

A. 经营成果　　B. 财务状况

C. 劳动状况　　D. 现金流量

三、判断题

1. 财务会计报告是指会计主体对外提供的反映其某一会计期间的财务状况和某一特定日期的经营成果、现金流量等会计信息的文件。（　　）

2. 企业至少应当按年编制财务会计报告。（　　）

3. 编制财务会计报告时，企业可以以附注披露代替确认和计量。（　　）

4. 中期财务会计报告至少应当包括资产负债表、利润表、现金流量表、所有者权益变动表和附注。（　　）

5. 并不是所有类型的财务会计报告都必须包括现金流量表。（　　）

6. 利润表和现金流量表属于动态报表。（　　）

7. 年度财务报告一般包括资产负债表、利润表、现金流量表、所有者权益变动表和附

注等内容，上述五个部分具有同等重要的程度。（　）

四、讨论题

1. 简述财务会计报告的体系及提供哪些会计信息？
2. 简述财务会计报告编制的基本要求有哪些？
3. 在财务会计报告编制中，如何做到“坚持诚信，守法奉公”？

模块二　编制资产负债表

一、单项选择题

1. 资产负债表中应根据明细账户余额计算填列的项目是（　）。

A. 应收账款　　B. 货币资金

C. 未分配利润　　D. 长期借款

2. 资产负债表中负债项目的排列顺序是（　）。

A. 重要程度　　B. 金额大小

C. 偿还顺序　　D. 随意排列

3. 甲企业“应收账款”明细账户期末余额情况如下：“应收账款——A 公司”贷方余额 20 万元，“应收账款——B 公司”借方余额 30 万元，“应收账款——C 公司”借方余额 10 万元。假设该企业“坏账准备”贷方余额为 2 万元，“预收账款”明细账余额均为贷方余额，则资产负债表中“应收账款”项目的金额为（　）万元。

A. 60　　B. 62

C. 38　　D. 58

4. 中期资产负债表“未分配利润”的计算方法是（　）。

A. 根据“本年利润”和“利润分配”账户余额计算填列

B. 根据“盈余公积”余额直接填列

C. 根据“本年利润”账户余额直接填列

D. 根据“利润分配”余额分析填列

5. 某企业“长期借款”账户的余额为500 000元，其中，将于一年内到期的长期借款为80 000元，则企业资产负债表中“长期借款”项目的金额为（　　）元。

A. 500 000　　B. 580 000

C. 420 000　　D. 80 000

6. 某企业有关账户的期末余额为“在途物资”200 000元，“原材料”500 000元，“生产成本”30 000元，“在建工程”100 000元，则企业资产负债表中“存货”项目的金额为（　　）元。

A. 700 000　　B. 730 000

C. 830 000　　D. 630 000

7. 我国企业的资产负债表采用的结构是（　　）。

A. 多步式　　B. 报告时

C. 单步式　　D. 账户式

8. 下列各项中，以“资产 = 负债 + 所有者权益”为依据编制的是（　　）。

A. 利润表　　B. 资产负债表

C. 现金流量表　　D. 所有者权益变动表

二、多项选择题

1. 资产负债表表头应该包括的内容有（　　）。

A. 编制日期　　B. 编表单位名称

C. 报表名称　　D. 金额计量单位

2. 下列资产负债表项目中，可根据总账余额填列的有（　　）。

A. 短期借款　　B. 资本公积

C. 应付职工薪酬　　D. 实收资本

3. 下列选项中，应在资产负债表中“存货”项目列示的有（　　）。

A. 周转材料　　B. 材料成本差异

C. 原材料　　D. 生产成本

4. 下列各项中，应记入资产负债表中“货币资金”项目的有（　　）。

A. 库存现金　　B. 银行存款

C. 其他货币资金　　D. 其他应收款

5. 下列各项中，应记入资产负债表“存货”项目的有（　　）。

A. 原材料　　B. 库存商品

C. 固定资产　　D. 生产成本

6. 下列账户的期末余额，应记入资产负债表中“固定资产”项目的有（　　）。

A. 固定资产　　B. 累计折旧

C. 在建工程　　D. 工程物资

7. 下列各项中，列在资产负债表左方的有（　　）。

A. 固定资产　　B. 无形资产

C. 长期股权投资　　D. 流动资产

8. “资产负债表”中的“所有者权益”项目是企业资产扣除负债后的剩余权益，反映企业在某一特定日期股东（投资者）拥有的净资产的总额，一般包括的项目有（　　）。

A. 实收资本　　B. 资本公积

C. 盈余公积　　D. 未分配利润

三、判断题

1. “资产 = 负债 + 所有者权益”这一会计等式是编制资产负债表的理论依据。（　　）
2. 资产负债表中流动资产各项目是按流动性由强到弱排列。（　　）
3. 资产负债表中负债各项目是按流动性由强到弱排列。（　　）
4. 资产负债表是反映企业一定期间财务状况的会计报表。（　　）
5. 应交税费账户出现借方余额时，资产负债表中应交税费项目应以“-”填列。（　　）
6. 由于资产负债表中列示了“未分配利润”项目及其金额，因而资产负债表也是直接用于分析企业获利能力的报表。（　　）
7. 资产负债表是总括反映企业特定日期资产、负债和所有者权益情况的静态报表，通过该表可以了解企业的资产分布、资金的来源和承担的债务以及资金的流动性和偿债能力。（　　）

四、讨论题

1. 资产负债表提供哪些会计信息？
2. 资产负债表“期末余额”具体填列方法有哪几种？
3. 在资产负债表编制中，如何做到“坚持准则，守法奉公”？

五、业务实训题

实训一

（一）目的：练习资产负债表各项目的填列方法。

（二）资料：京江公司20××年12月31日，部分账户的期末余额，如表9-1所示。

表9-1　部分账户余额表　单位：元

总账账户	明细账户	借方余额	贷方余额	总账账户	明细账户	借方余额	贷方余额
库存现金		6 000		短期借款			900 000
银行存款		230 000		应付账款			230 000
其他货币资金		120 000			A公司		90 000
应收账款		390 000			B公司		300 000
	甲公司	150 000			C公司	160 000	
	乙公司	320 000		预收账款			72 000
	丙公司		80 000		D公司		52 000
预付账款		174 000			E公司		20 000
	F公司	208 000					
	G公司		34 000	本年利润			250 000
原材料		690 000		利润分配	未分配利润		73 000
库存商品		76 000		……			
固定资产		868 000					
累计折旧			150 000				
……							

（三）要求

根据上述资料计算“资产负债表”中下列项目的填列金额（单位：元）：

1. 货币资金 =
2. 应收账款 =
3. 预付账款 =
4. 存货 =
5. 固定资产 =
6. 短期借款 =
7. 应付账款 =
8. 预收账款 =
9. 未分配利润 =

实训二

（一）目的：练习资产负债表的编制。

（二）资料：海阳公司 20××年 12 月 31 日，有关账户余额，如表 9－2 所示。

表 9－2　　账户余额表　　单位：元

账户名称	借方余额	贷方余额	账户名称	借方余额	贷方余额
库存现金	5 000		短期借款		500 000
银行存款	120 700		应付票据		30 000
其他货币资金	50 000		应付账款		200 000
交易性金融资产	108 000		——兴光公司		170 000
应收票据	10 000		——常旺公司		60 000
应收账款	220 000		——宏宇公司	30 000	
——A 公司	190 000		预收账款		20 000
——B 公司	70 000		——W 公司	7 000	
——C 公司		40 000	——T 公司		27 000
坏账准备		4 000	其他应付款		23 000
其他应收款	70 000		应付职工薪酬		97 000
预付账款	40 000		应交税费		23 000
——M 公司	135 000		应付股利		
——Y 公司		95 000	长期借款		
材料采购	350 000		其中：一年内到期的长期借款		
原材料	721 000		实收资本		1 200 000
周转材料	30 000		资本公积		540 000
库存商品	622 000		盈余公积		350 000
固定资产	960 000		利润分配		760 000
累计折旧		130 000			
无形资产	490 000				
累计摊销		13 700			
生产成本	94 000				
合计	4 025 700	282 700	合计	37 000	378 000

（三）要求：根据上述资料编制海阳公司 20××年“资产负债表”，如表 9－3 所示。

表 9－3 **资产负债表**

编制单位： 年 月 日 单位：元（列至角分）

资　　产	行次	年初余额		负债和所有者权益（或股东权益）	行次	年初余额	期末余额
流动资产：	1	（略）		流动负债：	32	（略）	
货币资金	2			短期借款	33		
交易性金融资产	3			交易性金融负债	34		
应收票据	4			应付票据	35		
应收账款	5			应付账款	36		
预付账款	6			预收账款	37		
其他应收款	7			应付职工薪酬	38		
存货	8			应交税费	39		
一年内到期的非流动资产	9			其他应付款	40		
其他流动资产	10			一年内到期的非流动负债	41		
流动资产合计	11			其他流动负债	42		
非流动资产：	12			流动负债合计	43		
债权投资	13			非流动负债：	44		
其他债权投资	14			长期借款	45		
长期应收款	15			应付债券	46		
长期股权投资	16			长期应付款	47		
其他权益工具投资	17			预计负债	48		
其他非流动金融资产	18			递延所得税负债	49		
投资性房地产	19			其他非流动负债	50		
固定资产	20			非流动负债合计	51		
在建工程	21			负债合计	52		
生产性生物资产	22			所有者权益（或股东权益）：	53		
油气资产	23			实收资本（或股本）	54		
无形资产	24			资本公积	55		
开发支出	25			减：库存股	56		
商誉	26			盈余公积	57		
长期待摊费用	27			未分配利润	58		
递延所得税资产	28			所有者权益合计	59		
其他非流动资产	29				60		
非流动资产合计	30				61		
资产总计	31			负债和所有者权益合计	62		

单位负责人： 财务负责人： 复核： 制表：

模块三　编制利润表

一、单项选择题

1. 我国企业利润表采用（　　）。

A. 单步式　　B. 报告式

C. 多步式　　D. 账户式

2. 利润表中“本期金额”的填列方法是（　　）。

A. 根据损益类账户的本期发生额填列

B. 根据所有者权益类账户的本期发生额填列

C. 根据损益类账户的期末余额填列

D. 根据所有者权益类账户的期末余额填列

3. 下列项目中，根据利润表中相关项目计算填列的是（　　）。

A. 利润总额　　B. 营业收入

C. 销售费用　　D. 营业成本

4. 某企业 12 月 31 日编制的年度利润表中“本期金额”一栏反映（　　）。

A. 12 月 31 日利润或亏损的形成情况

B. 12 月累计利润或亏损的形成情况

C. 本年度利润或亏损的形成情况

D. 第 4 季度利润或亏损的形成情况

5. 下列各项中，可以帮助使用者分析评价企业的盈利能力、利润构成及其质量的报表是（　　）。

A. 资产负债表　　B. 利润表

C. 现金流量表　　D. 所有者权益变动表

6. 下列各项中，编制动态财务会计报告的主要依据的是（　　）。

A. 账户的本期发生额　　B. 账户的期初、期末余额

C. 账户的期初余额　　D. 账户的期末余额

7. 利润表中，利润总额扣除（　　）后，得出净利润或净亏损。

A. 管理费用和财务费用　　B. 增值税

C. 营业外收支净额　　D. 所得税费用

二、多项选择题

1. 属于利润表项目的有（　　）。

A. 营业外支出　　B. 利润分配
C. 净利润　　D. 财务费用

2. 多步式利润表可反映企业利润要素的有（　　）。
A. 营业利润　　B. 利润总额
C. 净利润　　D. 主营业务利润

3. 利润表中“税金及附加”项目包括的税金有（　　）。
A. 增值税　　B. 消费税
C. 城市维护建设税　　D. 所得税

4. 下列各项中，属于利润表中“营业收入”项目填列依据的有（　　）。
A. 主营业务收入　　B. 其他业务收入
C. 营业外收入　　D. 投资收益

5. 下列项目中，应记入利润表中“营业成本”的有（　　）。
A. 主营业务成本　　B. 其他业务成本
C. 营业外支出　　D. 管理费用

6. 企业编制利润表时，利润总额是在营业利润的基础上加上或减去（　　）之后计算填列的。
A. 投资收益　　B. 营业外支出
C. 营业外收入　　D. 所得税费用

7. 下列各项中，属于利润表上的项目有（　　）。
A. 营业利润　　B. 财务费用
C. 所得税费用　　D. 应交税费

8. 借助于利润表提供的信息，可以帮助管理者（　　）。
A. 分析企业资产的结构及其状况　　B. 分析企业的偿债能力
C. 分析企业的盈利能力　　D. 分析企业利润的构成及其质量

三、判断题

1. 利润表是反映企业一定会计期间经营成果的会计报表。（　　）

2. 利润表中的各项目应根据有关损益类账户的本期发生额或余额分析计算填列。（　　）

3. 利润表中“营业成本”项目，反映企业销售产品和提供劳务等主要经营业务的各项销售费用和实际成本。（　　）

4. 利润表的格式主要有多步式和单步式两种，我国采用多步式。（　　）

5. 利润表中“上期金额”栏应根据上年该期利润表“本期金额”栏内所列数字填列。（　　）

6. 净利润是指营业利润减去应交所得税后的金额。（　　）

7. 反映企业一定会计时期经营成果的财务会计报告是资产负债表。（　　）

四、讨论题

1. 利润表提供哪些会计信息？
2. 利润表中的“上期金额”栏是根据哪些数据填列的？
3. 在利润表编制中，如何做到“坚持准则，守法奉公”？

五、业务实训题

（一）目的：练习利润表的编制。
（二）资料：海阳公司20××年12月损益类账户的本期净发生额，如表9-4所示。

表9-4　损益类账户的本期净发生额表　单位：元

账户名称	借方发生额	贷方发生额
主营业务收入		2 700 000
主营业务成本	1 600 000	
税金及附加	20 000	
其他业务收入		680 000
其他业务成本	470 000	
销售费用	480 000	
管理费用	610 000	
财务费用	92 000	
投资收益		140 000
营业外收入		13 000
营业外支出	8 000	

（三）要求：根据上述资料编制海阳公司20××年12月利润表，如表9-5所示。

表 9－5 **利 润 表**

编制单位： 年 月 单位：元

项 目	行次	本月数	本年累计数
一、营业收入	1		
减：营业成本	2		
税金及附加	3		
销售费用	4		
管理费用	5		
研发支出	6		
财务费用	7		
加：其他收益	8		
投资收益（损失以“－”号填列）	9		
公允价值变动收益（损失以“－”号填列）	10		
信用减值损失（损失以“－”号填列）	11		
资产减值损失（损失以“－”号填列）	12		
资产处置收益（损失以“－”号填列）	13		
二、营业利润（亏损以“－”号填列）	14		
加：营业外收入	15		
减：营业外支出	16		
三、利润总额（亏损以“－”号填列）	17		
减：所得税费用	18		
四、净利润（净亏损以“－”号填列）	19		
五、其他综合收益的税后净额	20		
六、综合收益总额	21		
七、每股收益	22		
（一）基本每股收益	23		
（二）稀释每股收益	24		

单位负责人： 财务负责人： 复核： 制表：

项目十 *Project 10*

应用账务处理程序实例

模块一　应用记账凭证账务处理程序实例

一、单项选择题

1. 关于记账凭证账务处理程序，下列说法不正确的是（　　）。
A. 根据记账凭证逐笔登记总分类账，是最基本的账务处理程序
B. 简单明了、易于理解，总分类账可以较详细地反映经济业务的发生情况
C. 登记总分类账的工作量较大
D. 适用于规模较大、经济业务量较多的单位
2. 最基本的账务处理程序是（　　）。
A. 记账凭证账务处理程序　　B. 科目汇总表账务处理程序
C. 汇总记账凭证账务处理程序　　D. 多栏式日记账账务处理程序
3. 规模较小、业务较少的单位适用的账务处理程序是（　　）。
A. 记账凭证账务处理程序　　B. 汇总记账凭证账务处理程序
C. 多栏式日记账账务处理程序　　D. 日记总账账务处理程序
4. 记账凭证账务处理程序下，不能作为登记明细分类账依据的是（　　）。
A. 原始凭证　　B. 汇总原始凭证
C. 记账凭证　　D. 记账凭证汇总表
5. 下列属于记账凭证账务处理程序优点的是（　　）。
A. 总分类账反映经济业务较详细　　B. 减轻了登记总分类账的工作量
C. 有利于会计核算的日常分工　　D. 便于核对账目和进行试算平衡
6. 关于记账凭证账务处理程序，下列说法正确的有（　　）。
A. 根据记账凭证逐笔登记总分类账，是最基本的账务处理程序
B. 简单明了、易于理解，总分类账可以较详细地反映经济业务的发生情况
C. 登记总分类账的工作量较大
D. 适用于规模较大、经济业务量较多的单位

二、多项选择题

1. 下列各项中，属于记账凭证账务处理程序优点的是（　　）。
A. 具有试算平衡的作用，有利于保证总账登记的正确性
B. 简单明了、易于理解
C. 登记总分类账的工作量较小
D. 总分类账可以较详细地反映经济业务的发生情况
2. 下列各项中，属于记账凭证账务处理程序缺点的是（　　）。
A. 登记总分类账的工作量较大
B. 编制汇总记账凭证的程序比较烦琐
C. 总分类账无法较详细地反映经济业务的发生情况
D. 不具有试算平衡的作用，不利于保证总账登记的正确性
3. 下列各项中，属于账务处理程序主要内容的有（　　）。
A. 会计凭证与账簿之间的联系方法
B. 会计凭证和会计账簿的种类、格式
C. 由原始凭证到填制记账凭证、登记总账和明细账、编制会计报表的程序和方法
D. 会计资料立卷归档的程序和方法
4. 记账凭证账务处理程序下可以采用的记账凭证有（　　）。
A. 收款凭证　　B. 付款凭证
C. 转账凭证　　D. 通用记账凭证
5. 账务处理程序也称为会计核算组织程序，它是指（　　）相结合的方式。
A. 会计凭证　　B. 会计账簿
C. 会计报表　　D. 会计科目

三、判断题

1. 记账凭证账务处理程序是指对发生的经济业务，先根据原始凭证或汇总原始凭证填制记账凭证，再直接根据记账凭证登记总分类账的一种账务处理程序。（　　）
2. 采用记账凭证账务处理程序时，总分类账是根据记账凭证逐笔登记的。（　　）
3. 记账凭证账务处理程序是最基本的一种。（　　）
4. 记账凭证账务处理程序下是直接根据记账凭证登记总账，所以总分类账的登记工作非常简单，工作量相对比较小。（　　）
5. 记账凭证账务处理程序的特点是直接根据记账凭证逐笔登记总分类账，是基本的账务处理程序。（　　）
6. 企业提高会计核算质量，充分发挥会计工作效能的一个重要前提，就是选用适当的账务处理程序。（　　）
7. 记账凭证账务处理程序是最基本的账务处理程序，其他账务处理程序都是在此基础上发展形成的，其优点就是登记账簿的工作量小。（　　）

四、讨论题

1. 试论科学合理的账务处理程序对提高会计工作水平的重要性。
2. 试论采用记账凭证账务处理程序的优点及缺点。
3. 试论记账凭证账务处理程序的适用范围。

五、业务实训题

（一）目的：练习记账凭证账务处理程序。

（二）资料：南方家具制造有限公司属于增值税一般纳税人，公司有一个基本生产车间，生产儿童用学习桌、儿童用学习椅两种产品。增值税税率为13%、城市维护建设税税率为7%、教育费附加征收率为3%、企业所得税税率为25%。

1. 20××年12月初，账户期初余额，如表10－1所示。

表10－1　　**账户期初余额**　　单位：元

资产	借方余额	负债和所有者权益	贷方余额
库存现金	4 000	短期借款	2 000 000
银行存款	540 000	应付票据	50 000
交易性金融资产	420 000	应付账款	45 200
应收账款	67 800	应付职工薪酬	436 000
在途物资	64 000	应交税费	40 000
原材料	732 000	应付利息	20 000
周转材料	98 000	其他应付款	158 000
库存商品	240 000	实收资本	2 000 000
固定资产	4 600 000	资本公积	320 000
累计折旧	－1 200 000	盈余公积	102 600
无形资产	306 000	本年利润	680 000
累计摊销	－20 000		
资产总计	5 851 800	负债和所有者权益总计	5 851 800

2. 有关明细账户余额如下：

（1）“应收账款”明细账户余额如下：

应收账款——云泽文具有限责任公司（50 850 元）

——千禧家儿童用品有限责任公司（16 950 元）

（2）“在途物资”明细账户余额如下：

在途物资——圆管（万达通公司）（64 000 元）

（3）“原材料”明细账户余额，如表 10－2 所示。

表 10－2　“原材料”明细账户余额表

材料名称	计量单位	数量	单价	金额
细木工板	张	80	1 000 元/张	80 000 元
圆管	根	200	3 200 元/根	640 000 元
辅料	个	600	20 元/个	12 000 元
合计				732 000 元

（4）“库存商品”明细账户余额，如表 10－3 所示。

表 10－3　“库存商品”明细账户余额表

产品名称	计量单位	数量	单价	金额
儿童学习桌	张	2 000	90 元/张	180 000 元
儿童学习椅	把	2 000	30 元/把	60 000 元
合计				240 000 元

（5）“应付账款”明细账户余额如下：

应付账款——万通达有限责任公司（45 200 元）

3. 20××年 12 月发生下列经济业务：

（1）1 日，从银行提取现金 5 000 元备用。

（2）1 日，以银行存款支付上月所欠万通达有限责任公司货款 45 200 元。

（3）1 日，业务员刘一参加订货会预借差旅费 3 000 元，以现金支付。

（4）2 日，收到上月购入在途的圆管 20 根，单价 3 200 元，已经验收入库。

（5）3 日，从森立木材有限责任公司购进细木工板 150 张，单价 1 000 元，价款 150 000 元，增值税税额 19 500 元，款项以银行存款支付，材料尚未运到。

（6）6 日，从森立木材有限责任公司购进细木工板 150 张，每张 1 000 元，运到验收入库。

（7）6 日，刘一出差归来报销差旅费 3 050 元，以现金补足差额。

（8）7 日，以银行存款支付上月应交税费 40 000 元。

（9）8 日，从万通达有限责任公司购进圆管 100 根，单价 3 200 元，价款 320 000 元，增值税税额 41 600 元，款项以银行存款支付，材料当日已经验收入库。

（10）8 日，以银行存款支付上月应付职工薪酬 436 000 元。

（11）9 日，从万通达有限责任公司购进辅料 800 个，单价 20 元，价款 12 000 元，增值税税额 1 560 元，款项尚未支付，材料当日已经验收入库。

（12）10 日，收到千禧家儿童用品有限责任公司货款 16 950 元，款项存入银行。

（13）12 日，领用材料见领用材料汇总表，如表 10 - 4 所示。

表 10 - 4　　领用材料汇总表

20××年 12 月

项　目	细木工板			圆管			辅料			合计
	数量（张）	单价（元/张）	金额（元）	数量（根）	单价（元/根）	金额（元）	数量（个）	单价（元/个）	金额（元）	金额（元）
儿童学习桌耗用	140	1 000	140 000	220	2 000	440 000	500	20	10 000	590 000
儿童学习椅耗用	50	1 000	50 000	57	2 000	114 000	230	20	4 600	168 600
车间一般耗用	1	1 000	1 000				10	20	200	1 200
管理部门耗用	1	1 000	1 000							1 000
专设销售机构							50	20	1 000	1 000
合计	192		192 000	277		554 000	790		15 800	761 800

（14）12 日，以银行存款支付广告费 3 000 元，增值税率 6%。

（15）14 日，销售给云泽文具有限责任公司儿童学习桌 1 200 张，单价 130 元/张，价款 156 000 元；儿童学习椅 1 200 把，单价 50 元/把，价款 60 000 元，增值税税额共计 28 080 元，货款尚未收到。

（16）15 日，2 个月前开出的商业承兑汇票 40 000 元到期，以银行存款承付货款。

（17）15 日，行政部门零星办公用品价款 2 000 元，增值税税率 13%，增值税税额 260 元，以银行存款支付。

（18）19 日，出售圆管 10 根，每根售价 3 500 元，价款 35 000 元，增值税税额 4 550 元，款项收到，存入银行。

（19）21 日，结转已售圆管成本，每根购进成本 3 200 元。

（20）25 日，收到职工交来违纪罚款 800 元，存入银行。

（21）31 日，计提本月应付职工薪酬 369 000 元，其中，生产儿童学习桌生产工人工资 140 000 元，生产儿童学习椅生产工人工资 60 000 元，车间管理人员工资 75 000 元，行政管理人员工资 38 000 元，销售部门人员工资 56 000 元。

（22）31 日，按工资总额的 30% 提取各种社会保险及住房公积金。

（23）31 日，按工资总额的 2% 和 8% 分别提取工会经费、职工教育经费。

（24）31 日，以银行存款支付本月电费 11 000 元，增值税税额 1 430 元，其中，基本生产车间耗用 8 000 元，行政管理部门耗用 2 000 元，销售部门耗用 1 000 元。

（25）31 日，以银行存款支付本月水费 4 800 元，增值税税额 624 元，其中，基本生产车间耗用 3 800 元，行政管理部门耗用 600 元，销售部门耗用 400 元。

（26）31 日，计提本月固定资产折旧费 29 000 元，其中，基本生产车间 23 000 元，行政管理部门 5 000 元，销售部门 1 000 元。

（27）31 日，计提本月无形资产摊销 4 000 元。

（28）31 日，以银行存款支付本月短期借款利息 30 000 元，已经计提 20 000 元。

（29）31 日，经盘点，短少库存现金 600 元，原因待查。

（30）31 日，经查，短少现金是由出纳员李某某承担，应由其赔偿。

（31）31 日，结转本月制造费用（按生产工人工资比例分配）。

（32）31 日，本月生产完工儿童学习桌 9 830 张，儿童学习椅 9 830 把，全部完工验收入库。

（33）31 日，销售千禧家儿童用品有限责任公司儿童学习桌 3 000 张，单价 130 元/张，价款 390 000 元；儿童学习椅 3 000 把，单价 50 元/把，价款 150 000 元，增值税税额共计 70 200 元，货款收到存入银行。

（34）31 日，结转本月销售儿童学习桌、儿童学习椅成本。儿童学习桌每件成本 90 元，儿童学习椅每把 30 元。

（35）31 日，按照本月应交增值税的 7% 和 3% 计算应交城市维护建设税和教育费附加。

（36）31 日，结转本月损益类账户。

（37）31 日，假定公司无纳税调整事项，按 25% 的税率计算结转本月应交所得税。

（38）31 日，将全年实现的净利润结转到“本年利润”明细账户（1～11 月已经实现利润 680 000 元）。

（39）31 日，按净利润的 10% 计提法定盈余公积。

（40）31 日，按净利润的 40% 计算应付投资者利润。

（41）31 日，将“利润分配——未分配利润”账户其他明细账户转入“利润分配——未分配利润”明细账户。

（三）要求：

1. 根据资料 1 开设有关总分类账户，并登记期初余额。
2. 根据资料 2 开设有关明细分类账户，并登记期初余额。
3. 根据资料 3 编制记账凭证（以会计分录纸代替，如表 10－5 所示）。
4. 根据编制的记账凭证登记库存现金和银行存款日记账。
5. 根据编制的记账凭证登记明细分类账。
6. 进行对账，并办理结账。
7. 编制资产负债表和利润表。

表 10－5　　　　　　　　　　　会计分录纸

年		凭证字号		摘要	总账科目	明细科目	借方金额	贷方金额
月	日	字	号					

续表

年		凭证字号		摘要	总账科目	明细科目	借方金额	贷方金额
月	日	字	号					

模块二　应用科目汇总表账务处理程序实例

一、单项选择题

1. 下列各项中，属于科目汇总表账务处理程序比记账凭证账务处理程序增加的项目是（　　）。

A. 编制原始凭证汇总表　　B. 编制汇总原始凭证

C. 编制科目汇总表　　D. 编制汇总记账凭证

2. 科目汇总表账务处理程序的特点是（　　）。

A. 根据汇总记账凭证登记总分类账

B. 根据记账凭证直接登记总分类账

C. 根据记账凭证逐笔登记日记账

D. 根据科目汇总表登记总分类账

3. 科目汇总表账务处理程序登记总账的直接依据是（　　）。

A. 各种记账凭证　　B. 科目汇总表

C. 汇总记账凭证　　D. 多栏式日记账

4. 科目汇总表账务处理程序的缺点是（　　）。

A. 不利于会计核算分工　　B. 不能进行试算平衡

C. 反映不出账户的对应关系　　D. 会计科目数量受限制

5. 科目汇总表的编制依据是（　　）。

A. 记账凭证　　B. 原始凭证

C. 原始凭证汇总表　　D. 各种总账

6. 根据科目汇总表登记总分类账，在能够进行发生额试算平衡的同时也起到的作用是（　　）。

A. 简化报表的编制　　B. 简化明细分类账工作

C. 清晰反映科目之间的对应关系　　D. 简化登记总分类账工作

7. 科目汇总表的汇总范围是（　　）。

A. 全部科目的借方余额　　B. 全部科目的贷方余额

C. 全部科目的借、贷方发生额　　D. 全部科目的借、贷方余额

二、多项选择题

1. 科目汇总表账务处理程序下不需要编制的是（　　）。

A. 科目汇总表　　B. 汇总收款凭证

C. 汇总付款凭证　　D. 记账凭证

2. 以下关于科目汇总表账务处理程序的优点与适用范围的表述正确的有（　　）。

A. 将记账凭证通过科目汇总表汇总后登记总分类账，大大减轻了登记总账的工作量

B. 通过编制科目汇总表，可以对发生额进行试算平衡，从而及时发现错误，保证记账工作质量

C. 科目汇总表能反映账户之间的对应关系，有利于根据账簿记录检查和分析交易或事项的来龙去脉，便于查对账目

D. 适用于业务量多的大、中型企业

3. 在科目汇总表账务处理程序下，月末应与总分类账进行核对的是（　　）。

A. 现金日记账　　B. 明细分类账

C. 银行存款日记账　　D. 备查账

4. 科目汇总表账务处理程序的主要特点是（　　）。

A. 直接根据记账凭证登记总账

B. 直接根据记账凭证登记明细账

C. 定期编制“科目汇总表”

D. 直接根据“科目汇总表”登记总账

5. 下列各项中，能够通过“科目汇总表”反映的有（　　）。

A. 各个会计科目借方本期发生额

B. 各个会计科目贷方本期余额

C. 各个会计科目贷方本期发生额

D. 各个会计科目借方本期余额

三、判断题

1. 科目汇总表账务处理程序可以减轻登记总分类账的工作量。（　　）

2. 科目汇总表账务处理程序是会计核算中最基本的账务处理程序，其他账务处理程序都是在这种账务处理程序的基础上发展、演变形成的。（　　）

3. 科目汇总表账务处理程序的优点之一是具有试算平衡的作用，有利于保证总账登记的正确性。（　　）

4. 科目汇总表账务处理程序的优点之一是编制汇总记账凭证的程序比较简单。（　　）

5. 科目汇总表账务处理程序的缺点之一是科目汇总表不反映各科目的对应关系。（　　）

6. 采用科目汇总表账务处理程序，记账凭证必须使用收、付、转三种格式。（　　）

7. 科目汇总表账务处理程序，是以科目汇总表作为登记总账和明细账的依据。（　　）

8. 利用科目汇总表可以进行试算平衡。（　　）

9. 科目汇总表只反映各个会计科目的本期借方发生额和本期贷方发生额，不反映各个会计科目的对应关系。（　　）

四、讨论题

1. 简述采用科目汇总表账务处理程序的优点及缺点。
2. 简述科目汇总表账务处理程序的适用范围。

五、业务实训题

（一）目的：练习科目汇总表账务处理程序。
（二）资料：见本项目模块一“五、业务实训题”。
（三）要求：
1. 根据资料 1 开设有关总分类账户，并登记期初余额。
2. 根据资料 2 开设有关明细分类账户，并登记期初余额。
3. 根据资料 3 编制记账凭证。
4. 根据编制的记账凭证登记库存现金、银行存款日记账。
5. 根据编制的记账凭证登记明细分类账。
6. 根据 1～15 日、16～31 日记账凭证分别汇总编制“科目汇总表”。
7. 进行对账，并办理结账。
8. 编制资产负债表和利润表。

模块三　应用汇总记账凭证账务处理程序实例

一、单项选择题

1. 下列不属于汇总记账凭证账务处理程序步骤的是（　　）。
A. 根据原始凭证、汇总原始凭证编制记账凭证
B. 根据各种记账凭证编制有关汇总记账凭证
C. 根据记账凭证逐笔登记总分类账
D. 根据各汇总记账凭证登记总分类账
2. 下列关于汇总记账凭证账务处理程序的说法正确的是（　　）。
A. 便于会计核算的分工
B. 当转账凭证较多时，编制汇总转账凭证的工作量较大
C. 适用于规模较小、业务量较少、记账凭证不多的单位
D. 便于试算平衡
3. 规模较大、经济业务量较多的单位适用的账务处理程序是（　　）。
A. 记账凭证账务处理程序　　B. 汇总记账凭证账务处理程序
C. 多栏式日记账账务处理程序　　D. 日记账账务处理程序
4. 在汇总记账凭证账务处理中，登记总账的直接依据是（　　）。
A. 付款凭证　　B. 汇总记账凭证
C. 记账凭证　　D. 收款凭证
5. 汇总记账凭证账务处理程序和科目汇总表账务处理程序的主要不同点是（　　）。
A. 登记日记账的依据不同　　B. 编制记账凭证的依据不同
C. 登记总分类账的依据不同　　D. 编制汇总记账凭证的依据不同
6. 汇总记账凭证账务处理程序适用的单位类型是（　　）。
A. 规模较小，业务量较少　　B. 规模较大，业务量较多
C. 规模较大，业务量较少　　D. 规模较小，业务量较多
7. 各种账务处理程序的主要区别是（　　）。
A. 登记总账的依据和方法不同　　B. 登记明细账的依据和方法不同
C. 会计凭证的种类不同　　D. 编制报表依据
8. 汇总收款凭证按照科目借贷方向进行设置的是（　　）。
A. 借方　　B. 贷方
C. 借方或贷方　　D. 借方和贷方
9. 下列关于汇总记账凭证类别说法不正确的是（　　）。
A. 汇总收款凭证　　B. 汇总付款凭证

C. 汇总转账凭证　　　　　　　　　　D. 汇总原始凭证

二、多项选择题

1. 汇总记账凭证账务处理程序的特点有（　　）。

A. 记账凭证可以采用一种通用的格式，即通用记账凭证

B. 定期将全部记账凭证按收、付款凭证和转账凭证分别归类编制成汇总记账凭证

C. 根据汇总记账凭证登记总账

D. 根据一定时期内的全部记账凭证，按相同的科目进行归类，并计算出每一总账科目本期发生额

2. 下列关于科目汇总表账务处理程序与汇总记账凭证账务处理程序共同之处的表述中，正确的有（　　）。

A. 都适用于规模较大、业务量较多的企业

B. 可以减少总分类账登记工作量

C. 可以保持会计科目之间对应关系

D. 可以进行发生额试算平衡

3. 下列说法中，正确的有（　　）。

A. 汇总记账凭证分为汇总收款凭证、汇总付款凭证和汇总转账凭证

B. 汇总记账凭证是按每个科目设置，并按设置科目一方的对应科目进行汇总

C. 汇总记账凭证账务处理程序是根据汇总记账凭证登记总分类账

D. 汇总记账凭证账务处理程序适用于规模较大、经济业务较多的单位

4. 汇总记账凭证账务处理程序的优点是（　　）。

A. 便于会计核算的日常分工　　　　B. 便于了解账户之间的对应关系

C. 减轻了登记总分类账的工作量　　D. 便于试算平衡

5. 下列各项中，应在汇总记账凭证账务处理程序下设置的有（　　）。

A. 收款凭证、付款凭证和转账凭证

B. 汇总收款凭证、汇总付款凭证和汇总转账凭证

C. 库存现金和银行存款日记账

D. 总分类账

6. 汇总记账凭证账务处理程序的缺点有（　　）。

A. 不能减轻登记总账的工作量

B. 不能反映账户间的对应关系

C. 汇总记账凭证的编制工作量较大

D. 不利于日常核算工作的合理分工

7. 下列关于汇总记账凭证编制的资料来源有（　　）。

A. 汇总收款凭证，应分别按库存现金、银行存款账户的借方编制并按其对应的贷方账户归类汇总

B. 汇总付款凭证，应分别按库存现金、银行存款账户的贷方编制并按其对应的借方账户归类汇总

C. 汇总付款凭证，应分别按库存现金、银行存款账户的借方编制并按其对应的贷方账户归类汇总

D. 汇总收款凭证，应分别按库存现金、银行存款账户的贷方编制并按其对应的借方账户归类汇总

8. 汇总记账凭证包括（　　）。

A. 汇总收款凭证　　B. 汇总付款凭证

C. 汇总转账凭证　　D. 汇总原始凭证

三、判断题

1. 采用汇总记账凭证账务处理程序增加了填制汇总记账凭证的工作程序，增加了总账的登记工作量。（　　）

2. 在各种不同账务处理程序下，会计报表的编制依据都是相同的。（　　）

3. 汇总记账凭证账务处理程序是直接根据记账凭证逐笔登记总分类账的一种账务处理程序。（　　）

4. 在各种不同的账务处理程序下，登记总分类账的依据和程序都是相同的。（　　）

5. 汇总转账凭证是指按每一个贷方科目分别编制，用来汇总一定时期内转账业务的一种记账凭证。（　　）

6. 在采用汇总记账凭证处理程序下，企业应定期分别编制一张汇总收款凭证、汇总付款凭证及汇总转账凭证。（　　）

7. 汇总记账凭证一律按每一账户的借方编制，并按其对应的贷方账户归类汇总。

（　　）

8. 汇总记账凭证账务处理程序既能反映账户的对应关系，又能减轻登记总分类账的工作量。（　　）

四、讨论题

1. 试论采用汇总记账凭证账务处理程序的优点及缺点。

2. 试论汇总记账凭证账务处理程序的适用范围。